KONFITÜREN, CHUTNEYS UND GELEES

Über 100 Rezepte zum Haltbarmachen von Obst und Gemüse

THORBECKE

INHALT

Die Zubereitung von Konfitüren und eingekochten Früchten

Was kann es Schöneres geben, als mitten im Winter Teegebäck mit frischer Kirsch-konfitüre zu naschen oder ein würziges Gemüsechutney zu einem Barbecue im Hoch-sommer zu genießen? Das Einkochen von Früchten ist nicht nur einfach zu erlernen, sondern ermöglicht es uns außerdem, das ganze Jahr über Freude an unseren eigenen Erzeugnissen zu haben, seien sie nun süß oder herzhaft im Geschmack.

Jahrhundertelang diente die Herstellung von Konfitüren, eingekochten Früchten, Chutneys und Pickles dazu, ein ausreichendes Nahrungsangebot während kalten und mageren Zeiten zu gewährleisten. Am besten bereitet man sie zu, wenn die dafür benötigten Früchte gerade Hochsaison haben, denn dann sind sie am schmackhaftesten und günstigsten.

WELCHE FRÜCHTE EIGNEN SICH?

Für ein optimales Ergebnis sollten Sie nur Früchte von hoher Qualität verwenden. Sie sollten stets fest und reif sein und dürfen weder Druckstellen noch schadhafte Stellen aufweisen. Überreife Früchte enthalten meist zu wenig Pektin, sodass die Konfitüre oft nicht richtig geliert. Wenn Sie ein Mischungsverhältnis von etwa 90 Prozent reifen zu 10 Prozent unreifen Früchten verwenden, wird der Pektingehalt wieder auf ein ausreichendes Niveau angehoben.

ZUCKER UND PEKTIN

Die endgültige Festigkeit und der Geschmack Ihrer Konfitüren bzw. Gelees werden durch den Anteil der enthaltenen Fruchtsäure sowie den jeweiligen Zucker- und Pektingehalt bestimmt. Bei der Zubereitung von Konfitüren und Gelees dient Zucker nämlich nicht nur als Süßungsmittel, sondern auch als Konservierungsstoff. Damit die Konzentration an Zucker stets hoch genug ist, sollten Sie als Faustregel ¾–1 Tasse Zucker auf 1 Tasse Früchte rechnen. Zucker ist aber auch ein hochwirksames Geliermittel und daher ein unverzichtbarer Helfer bei der Zubereitung von Konfitüren und Gelees.

So gut wie alle Fruchtsorten enthalten Pektin. Es findet sich sowohl in der Haut als auch im Fruchtfleisch und in den Kernen. Besonders hohe Konzentrationen kommen in der weißen Haut von Zitrusfrüchten und Apfelschalen vor. Manche Fruchtsorten enthalten wenig oder gar kein Pektin und müssen deshalb mit pektinreichen Früchten, Säften oder handelsüblichen Einmachhilfen angereichert werden, um den Gelierpunkt zu erreichen.

Eine wichtige Rolle spielt auch der Säuregehalt der Früchte, denn Säure dient als Konservierungs- und Geliermittel. Wenn der Säuregehalt zu niedrig ist, kann man ihn durch die Zugabe von Zitronensaft oder durch die Kombination verschiedener Fruchtsorten anheben. Einmachhilfen sind also kein zwingendes Muss, im Gegenteil: Wenn die Konfitüre die Gelierprobe mit Erfolg bestanden hat, kann man getrost auf sie verzichten.

Für die erfolgreiche Zubereitung Ihrer Konfitüren und eingekochten Früchte ist es also äußerst wichtig, dass das Verhältnis von Pektin und Säure stimmt. Die unten stehende Tabelle listet den Pektin- und Säuregehalt derjenigen Fruchtsorten auf, die im Regelfall für Konfitüren und Eingekochtes verwendet werden.

DER PEKTINTEST

Wenn Sie sich nicht ganz sicher sind, wie viel Pektin Früchte enthalten, dann geben Sie einfach 2 TL Brennspiritus in eine kleine Schüssel und fügen Sie unter vorsichtigem Rühren 1 TL der pürierten Fruchtmasse hinzu. Wenn genügend

Pektin in dem Gemisch enthalten ist, um das Gelee gelieren zu lassen, dann schließen sich die einzelnen Klümpchen darin zu einem großen Klumpen zusammen. Wenn sich jedoch mehrere kleine Klümpchen bilden, sollten Sie die Masse noch mehr einkochen lassen oder aber noch etwas Zitronensaft hinzufügen. Will die Masse dann immer noch nicht richtig gelieren, müssen Sie zusätzlich eine handelsübliche Einmachhilfe verwenden.

ZUCKER

Sie werden sicher bemerken, dass all meine Rezepte für süße Konfitüren mit erwärmtem Zucker zubereitet werden. Das ist für das Gelingen der Rezepte nicht erforderlich und wirkt sich auch nicht auf das Endergebnis aus, aber es bewirkt, dass sich der Zucker deutlich schneller auflöst. Ein weiterer Vorteil dieser Methode ist, dass die Temperatur der Fruchtmasse, in die der Zucker eingerührt werden soll, bei der Zugabe von warmem Zucker unverändert bleibt, während sie bei der Zugabe von kaltem Zucker sinkt.

Um den Zucker zu erwärmen, geben Sie ihn einfach flach ausgebreitet auf ein Backblech mit etwas erhöhtem Rand und schieben Sie dieses anschließend bei 150 °C/Gas Stufe 2 für 10–15 Minuten in den Backofen. Der Zucker sollte danach gleichmäßig durchwärmt sein. Erhitzen Sie den Zucker nicht zu sehr, sonst klumpt er schnell zusammen. Um dies zu vermeiden, sollten Sie den Zucker während des Erwärmens ein- oder zweimal umrühren. Sie sparen Zeit, wenn Sie den Zucker erwärmen, während Sie die Früchte kochen.

PEKTIN- UND SÄUREGEHALT VON FRÜCHTEN

HOHER PEKTINGEHALT	MITTLERER PEKTINGEHALT	NIEDRIGER PEKTINGEHALT	HOHER SÄUREGEHALT	NIEDRIGER SÄUREGEHALT
Schwarze Johannisbeeren	Aprikosen	Bananen	Brombeeren (frühe)	Aprikosen
Zitrusfrüchte	Brombeeren (frühe)	Brombeeren (späte)	schwarze Johannisbeeren	Feigen
Kochäpfel	Speiseäpfel	Boysenbeeren	Kirschen	Kiwis
Trauben	Loganbeeren	Kirschen	Zitrusfrüchte	Mangos
Pflaumen (manche Sorten)	Maulbeeren	Feigen	grüne Äpfel	Melonen
Quitten	Pfirsiche	Guaven	Ananas	Passionsfrüchte
rote Johannisbeeren	Birnen	Melonen	Pflaumen	Birnen
	Himbeeren	Nektarinen	Himbeeren (frühe)	Quitten
	Rhabarber	Passionsfrüchte	rote Johannisbeeren	Rhabarber
	Erdbeeren	Ananas		Erdbeeren
				süße Äpfel

Fügen Sie den Zucker aber erst dann hinzu, wenn die Früchte bereits weich gekocht sind, andernfalls bleiben sie hart. Wenn nicht anders vermerkt, verwende ich für Konfitüren-, Gelee- und Einmachrezepte ausschließlich normalen Kristallzucker (Raffinade). In einigen Rezepten kommt aber auch extrafeiner Zucker (Kastorzucker) zum Einsatz, da sich dieser schneller auflöst und das Gelee dadurch klarer wird. Für Chutneys, Pickles und Relishes verwende ich dagegen hauptsächlich braunen Zucker, denn dieser hebt den Geschmack der Zutaten deutlicher hervor und verleiht dem Ganzen außerdem einen dunkleren, intensiveren Farbton.

DIE AUSSTATTUNG

Wichtig für die Zubereitung von Konfitüren und eingekochten Früchten sind große, hochwertige Töpfe bzw. Pfannen aus rostfreiem Stahl oder Emaille mit dickem Boden. Wenn Sie jedoch Konfitüre regelmäßig und in größeren Mengen kochen, dann lohnt sich die Anschaffung eines speziellen Marmeladenkochtopfes.

Zuckerthermometer helfen bei der Ermittlung der richtigen Temperatur. Es ist nämlich wichtig, dass die Temperatur der Konfitüre beim Verschließen der Gläser bei 85 °C oder leicht darüber liegt, denn dadurch wird das Wachstum von Bakterien verhindert. Wenn Sie kein Zuckerthermometer haben, sollten Sie die Gläser nach dem Befüllen so schnell wie möglich verschließen. Mit Hilfe des Zuckerthermometers können Sie aber auch feststellen, ob ihre Konfitüre den Gelierpunkt bereits erreicht hat oder nicht. Dies ist norma-

lerweise bei 104 °C der Fall. Ich persönlich führe aber lieber den „Faltenbildungstest" (siehe S. 8) durch.

Sinnvoll ist auch ein Konfitüretrichter, denn er erleichtert das Abfüllen der heißen Masse in die Gläser. Auch sollten Sie sich einige hitzebeständige Krüge in verschiedenen Größen zum Füllen und Abwiegen zulegen. Zum Entfernen von Schaum, der sich häufig auf der Oberfläche bildet, eignet sich ein Schaumlöffel oder ein geschlitzter Löffel aus Metall, und zum Einfüllen der Konfitüre in die Gläser verwenden Sie am besten eine Schöpfkelle. Holzkochlöffel sind praktisch zum Umrühren, und natürlich benötigen Sie auch einen Backpinsel, um den Innenrand des Topfes von überschüssigen Zuckerkristallen zu befreien.

Musselintücher kommen in diesem Buch sehr häufig zum Abseihen von Flüssigkeiten und zum Zusammenhalten von Zitruskernen und -schalen zum Einsatz. Musselintücher erhalten Sie in Haushaltswarengeschäften oder Stoffläden. Alternativ können Sie ein sauberes Geschirrtuch verwenden. Wenn Sie mit Hilfe eines Geschirrtuches Flüssigkeiten abseihen wollen, z.B. um Gelees herzustellen, dann sollten Sie das Tuch zuvor etwas anfeuchten, sonst absorbiert es zu viel Flüssigkeit.

Bevor Sie nun mit der Herstellung Ihrer Konfitüren und eingekochten Früchte beginnen, stellen Sie sicher, dass alle benötigten Utensilien gründlich in heißem Seifenwasser gereinigt wurden, insbesondere die Gläser. Sorgen Sie außerdem dafür, dass Sie immer genügend saubere Gläser zur Verfügung haben, wenn Sie Konfitüre kochen. Am sau-

BEGRIFFSERKLÄRUNGEN

KONFITÜRE – Klein geschnittene Fruchtstücke werden zusammen mit Zucker zu einer zähflüssigen, streichfähigen Masse verkocht.

EINGEKOCHTES – Ganze Früchte werden in einem stark zuckerhaltigen Sirup eingekocht.

EINGEMACHTES – Ganze Früchte oder grobe Fruchtstücke werden zusammen mit Zucker zu einer dicken Masse verkocht.

GELEE – Der abgeseihte Saft gekochter Früchte wird zusammen mit Zucker aufgekocht. Gelees sind in der Regel klar, können gelegentlich aber auch kleine Fruchtstücke enthalten.

MARMELADE – In Scheiben geschnittene Zitrusfrüchte werden zusammen mit Zucker zu einer süßen, zähflüssigen Masse verkocht.

FRUCHTPASTE – Abgeseihte, gekochte Früchte werden zusammen mit Zucker zu einer dicken Paste verkocht und im erkalteten Zustand in kleine Stücke geschnitten.

(FRUCHT-)CURD – Fruchtmus wird mit Eiern, Zucker, Butter und evtl. etwas Zitronenschale zu einer streichfähigen und cremigen Masse verkocht.

PICKLE – Obst und/oder Gemüse wird zusammen mit Zucker, Salz und Gewürzen in Essig eingelegt.

CHUTNEY – Obst und/oder Gemüse wird zusammen mit Essig, Zucker und Gewürzen zu einer zähflüssigen Masse verkocht.

RELISH – Gesalzenes, gekochtes Gemüse wird zusammen mit Zucker, Gewürzen und Essig zu einer dickflüssigen Soße verkocht.

bersten werden ihre Gläser, wenn Sie folgendermaßen vorgehen: Heizen Sie den Backofen auf 120 °C/Gas Stufe 1–2 vor, waschen Sie die Gläser und Deckel gründlich in heißem Seifenwasser (oder noch besser in der Spülmaschine) und spülen Sie sie anschließend mit heißem, klarem Wasser nach. Verteilen Sie die sauberen Gläser auf Backbleche und schieben Sie diese dann für ca. 20 Minuten in den Ofen. Die Gläser müssen im Backofen völlig trocken werden.

WIE ES GEHT

Die Methode zur Herstellung von Eingemachtem ist eigentlich immer dieselbe, egal ob es sich nun um Konfitüre, Marmelade, eingekochte Früchte, Gelees, Pickles, Chutneys oder Relishes handelt.

Natürlich versteht es sich von selbst, dass Sie für die Zubereitung von süßen Konfitüren, eingekochten Früchten und Gelees wesentlich mehr Zucker benötigen als für herzhafte Pickles, Chutneys und Relishes. Auch gelieren die süßen Varianten aufgrund des höheren Zuckergehalts meist deutlich besser als die herzhaften und sind nach dem Abkühlen außerdem wunderbar streichfähig.

KONFITÜREN UND MARMELADEN

Erliegen Sie nicht der Versuchung, eine zu große Menge an Konfitüre bzw. Marmelade auf einmal kochen zu wollen. Es ist ratsam, pro Rezept nicht mehr als 2 kg Obst zu verarbeiten. Auch sollten Sie darauf achten, dass ihr Kochtopf groß genug ist. Idealerweise sollte die Masse, nachdem der Zucker hinzugefügt wurde, nicht mehr als 5 oder 6 cm hoch im Topf stehen. Von Chutneys und Pickles kann man auch größere Mengen auf einmal zubereiten, aber denken Sie dann daran, dass die Kochzeit umso länger wird, je mehr Masse im Topf ist. Gelees dagegen werden für gewöhnlich in kleineren Mengen zubereitet.

Waschen und trocknen Sie das Obst sorgfältig, um alle Unreinheiten zu entfernen. Wenn Sie Zitrusfrüchte wie beispielsweise Orangen oder Grapefruits verwenden, dann schrubben Sie die Schale zuvor mit einer weichen Bürste unter fließend warmem Wasser ab, um die darauf befindliche Wachsschicht zu entfernen. Entfernen Sie sämtliche Stiele von den Beeren und schneiden Sie außerdem alle schlechten oder fauligen Stellen im Obst aus. Schneiden Sie das Obst entsprechend den Angaben klein und geben Sie es anschließend zum Kochen in den Topf. Denken Sie auch daran, dass das Obst bei einigen Rezepten über Nacht eingeweicht werden muss. Bei vielen Rezepten verwende ich außerdem die Kerne und die abgeriebene Schale von Zitrusfrüchten, insbesondere von Zitronen. Die Kerne bzw. Schalen werden in ein Stück Musselintuch gewickelt und dann entweder mit den Früchten zusammen über Nacht eingeweicht und gekocht (wie bei Marmeladen) oder aber gleich zu Beginn in der Masse mitgekocht (wie bei Konfitüren und eingekochten Früchten). Damit Sie den Musselinbeutel später leicht wieder entfernen können, sollten Sie eine ausreichend lange Schnur daran befestigen und diese dann an einem der beiden Topfgriffe befestigen. Die übrigen Zutaten werden je nach Rezeptangaben zugefügt.

Bringen Sie die Mischung zum Kochen und lassen Sie sie anschließend auf kleiner Flamme so lange köcheln, bis das Obst weich ist. Fügen Sie dann die angegebene Menge Zucker hinzu und schöpfen Sie während des Kochens sämtlichen Schaum ab, denn dieser bildet sich meist dadurch, dass Unreinheiten und Schmutz gelöst werden und anschließend an die Oberfläche steigen. Lassen Sie den Topf auf der Herdplatte stehen und rühren Sie die Konfitüre so lange um, bis der Zucker vollständig gelöst ist, ohne die Mischung dabei jedoch zum Kochen zu bringen. Tauchen Sie einen Backpinsel in etwas Wasser ein und streichen Sie damit die Topfränder innen aus. Auf diese Weise lassen sich über-

Der „Faltenbildungstest" ist eine schnelle und einfache Methode, um festzustellen, ob die Konfitüre den Gelierpunkt erreicht hat.

Wenn die Konfitüre noch nicht geliert, lassen Sie die Masse einfach noch etwas länger kochen und führen Sie dann einen neuen Test auf einem zweiten Teller durch.

Wurde die Konfitüre zu lange gekocht, ist ihre Konsistenz wesentlich dicker und ihre Färbung um ein Vielfaches dunkler als normal.

> *„Ich schätze meinen Garten mehr wegen der Amseln als wegen der Kirschen. So gebe ich ihnen gerne die Früchte im Austausch für ihre Lieder."*

Joseph Addison (1672–1719)
Englischer Essayist, Dichter und Politiker,
Zitat aus „The Spectator"

schüssige Zuckerkristalle entfernen, die dazu führen können, dass die Konfitüre kristallisiert. Sollte ihre Konfitüre kristallisieren, fügen Sie einfach 2 EL Zitronensaft hinzu und erwärmen Sie das Ganze erneut. Bedenken Sie dabei jedoch, dass dies den Geschmack leicht verändern kann. Sobald der Zucker vollständig gelöst ist, sollten Sie die Mischung rasch zum Kochen bringen. Lassen Sie sie nun so lange kochen wie angegeben und rühren Sie sie während des Kochens häufig um. Achten Sie außerdem darauf, dass die Konfitüre nicht am Topfboden anklebt oder anbrennt. Wenn die Kochzeit vorbei ist (bzw. die Masse zähflüssig und sirupartig aussieht), sollte die Konfitüre in dicken, schweren Klecksen von einem leicht schräg gehaltenen Holzkochlöffel fallen, wobei jeder Klecks aus 3 oder 4 kleineren Tropfen zusammengesetzt sein sollte. Ist dies der Fall, können Sie sicher sein, dass ihre Konfitüre den Gelierpunkt erreicht hat.

Kochzeiten können von Rezept zu Rezept sehr stark variieren. Sie hängen aber nicht nur von der Topfgröße, den verwendeten Früchten und der jeweiligen Jahreszeit ab, sondern häufig auch davon, ob die verwendeten Früchte gerade Saison haben oder nicht. Es ist also auf jeden Fall sinnvoll, die Konfitüre von Zeit zu Zeit zu testen, um festzustellen, ob sie den Gelierpunkt bereits erreicht hat oder nicht. Häufig geschieht dies nämlich bereits vor Ablauf der angegebenen Kochzeit, in manchen Fällen sogar bis zu 10 Minuten vorher. Verlassen Sie sich also nicht ausschließlich auf die angegebenen Zeiten.

Nehmen Sie die Konfitüre vom Herd, geben Sie 1 TL davon auf einen zuvor kalt gestellten Teller und stellen Sie diesen dann für 30 Sekunden ins Gefrierfach (oder warten Sie ab, bis die Konfitüre Zimmertemperatur erreicht hat). Fahren Sie dann vorsichtig mit ihrer Fingerspitze durch die Konfitüre. Es wird sich auf ihrer Oberfläche inzwischen eine dünne Haut gebildet haben, und diese sollte sich nun in Falten legen. In dem Fall ist die Konfitüre fertig. Wenn nicht, stellen Sie den Topf einfach wieder auf den Herd zurück, lassen Sie die Konfitüre nochmals kochen und führen Sie einige Minuten später erneut einen Geliertest durch.

Nachdem die Konfitüre fertig ist, muss sie unverzüglich in warme, saubere Gläser gefüllt werden. Konfitüren mit hohem Fruchtfleischanteil haben in der Regel eine dickere Konsistenz, während Konfitüren, die große Fruchtstücke enthalten, vor dem Abfüllen einige Minuten im Topf ruhen sollten, damit sich die Fruchtstückchen gleichmäßig in der Masse verteilen können.

Lassen Sie die fertige Konfitüre nicht zu lange im Topf stehen, denn dann ist die Gefahr groß, dass sie bereits im Topf erstarrt. Sollte dies passieren, dann müssen Sie wieder von vorn anfangen. Seien Sie beim Befüllen der Gläser vorsichtig, denn die Konfitüre ist zu diesem Zeitpunkt noch extrem heiß. Halten Sie die vorbereiteten Gläser mit Hilfe eines Geschirrtuches fest und gießen Sie die heiße Masse dann vorsichtig hinein (Sie können hierfür auch einen Löffel zu Hilfe nehmen). Achten Sie außerdem darauf, dass Sie die

Während des Kochens sollten Sie den Schaum auf der Oberfläche der Konfitüre regelmäßig mit Hilfe eines Schaumlöffels abschöpfen.

Streichen Sie an den Innenseiten des Topfes mit einem feuchten Backpinsel entlang, um überschüssige Zuckerkristalle zu entfernen.

Der Gelierpunkt wurde erreicht, wenn die Konfitüre in dicken, schweren Klecksen von einem leicht schräg gehaltenen Holzkochlöffel herabtropft.

HEIKLE SITUATIONEN

DIE KONFITÜRE KRISTALLISIERT. – Im Verhältnis zum Fruchtanteil wurde zu viel Zucker zugegeben. Außerdem wurde der Zucker vor dem Kochen nicht vollständig aufgelöst.

DIE FRUCHTSTÜCKE WERDEN NICHT WEICH. – Das Obst wurde nicht lange genug gekocht, bevor der Zucker untergerührt wurde. Das Problem dabei ist, dass Obst selbst bei längerem Kochen nicht mehr weicher wird, sobald der Zucker erst einmal zugegeben wurde.

DIE FRUCHTSTÜCKCHEN SCHWIMMEN OBEN. – Das Obst wurde nicht lange genug gekocht oder die Masse wurde vor dem Abfüllen nicht lange genug stehen gelassen.

DIE KONFITÜRE IST ZU FLÜSSIG. – Die Konfitüre hat nicht ausreichend geliert. Gießen Sie sie in den Topf zurück, lassen Sie sie erneut aufkochen und führen Sie einige Zeit später eine weitere Gelierprobe durch.

ES BILDET SICH SCHIMMEL. – Wurde das Glas geöffnet oder an einem warmen Platz gelagert, können Schimmelpilze eindringen und dort weiterwachsen. Das Gleiche kann passieren, wenn die Gläser nach dem Befüllen nicht sofort verschlossen wurden. Wenn Sie den Schimmel frühzeitig bemerken, können Sie die befallenen Stellen mit einem kleinen Löffel entfernen und anschließend wegwerfen. Stellen Sie das angefangene Glas in den Kühlschrank und verzehren Sie die Reste so schnell wie möglich.

DIE KONFITÜRE IST VERGOREN. – Konfitüre kann leicht vergären, wenn die dafür verwendeten Früchte weich oder überreif waren bzw. Macken oder schadhafte Stellen hatten. Das Gleiche trifft zu, wenn Sie der Fruchtmischung zu wenig Zucker beigefügt haben. Wenn Sie eine Konfitüre mit weniger Zucker zubereiten möchten als im Rezept angegeben, dann sollten Sie diese innerhalb weniger Monate verzehren, denn sehr viel länger wird sie nicht halten. Auch müssen Sie damit rechnen, dass sie nicht so gut gelieren wird. Stellen Sie das Glas nach dem Öffnen am besten in den Kühlschrank.

DAS GELEE WIRD TRÜB. – Dies passiert vor allem dann, wenn das Passiertuch während des Abtropfens zu heftig zusammengedrückt wurde.

Gläser bis knapp unter den Rand füllen. Sollten Sie Gläser mit kleiner Öffnung verwenden, kann es unter Umständen sinnvoll sein, die Konfitüre zunächst in einen sauberen, hitzebeständigen Krug zu füllen und sie aus diesem dann direkt in die Gläser zu gießen. Besonders praktisch ist ein Konfitüretrichter.

Manchmal bilden sich Luftblasen in den Gläsern. Um diese zu entfernen, nehmen Sie einfach einen dünnen, sauberen Spieß und drücken Sie die Konfitüre damit etwas beiseite, sodass die Luftblasen entweichen können.

Alternativ stellen Sie die Gläser auf ein Tuch und bewegen dieses ganz leicht hin und her oder klopfen behutsam gegen die Außenseite der Gläser. Auch dadurch können Luftblasen an die Oberfläche steigen. Verschließen Sie die Gläser, während die Konfitüre noch heiß ist, und stellen Sie diese dann für 2 Minuten auf den Kopf. Drehen Sie die Gläser anschließend wieder um und lassen Sie sie vollständig auskühlen. Auf diese Weise können sich die Fruchtstücke gleichmäßig in der Konfitüre verteilen und die Deckel der Gläser sind sterilisiert.

GELEES

Für ein optimales Ergebnis sollten Sie bei der Zubereitung ihres Gelees nur Früchte mit einem ausgewogenen Pektin-Säure-Verhältnis wählen. Sie können das Obst entweder dämpfen (im Wasserdampf kochen) oder dünsten (in wenig Wasser gar kochen). Anschließend müssen Sie es durch ein feuchtes Passiertuch geben und über Nacht stehen lassen. Sie können anstelle eines Passiertuches aber auch ein angefeuchtetes Musselintuch nehmen und dieses an den Füßen eines umgedrehten Hockers befestigen. Stellen Sie dann eine große Schüssel unter das Passiertuch und fangen Sie den abtropfenden Saft darin auf. Lassen Sie den Saft aber ungestört abtropfen, ohne zu drücken, denn sonst wird das Gelee hinterher trüb. Sie können den Pektintest machen, allerdings sind die Rezepte in diesem Buch so ausgearbeitet, dass sie Ihnen genaue Auskünfte darüber geben, wie viel Zucker Sie für die jeweils verwendeten Früchte benötigen. Fügen Sie also die entsprechende Menge Zucker hinzu und rühren Sie die Mischung dann so lange, bis der Zucker vollständig gelöst ist. Gehen Sie nun nach denselben Regeln wie beim Konfitürekochen vor: Bringen Sie die Mischung zum Kochen und lassen Sie sie so lange weiterkochen wie im Rezept angegeben. Wichtig ist, dass Sie den Schaum auf der Oberfläche des Gelees regelmäßig abschöpfen, denn sonst wird es später trüb. Bevor Sie das Gelee in saubere, warme Gläser füllen, sollten Sie darauf achten, dass die Luftblasenbildung im Topf nachgelassen bzw. ganz aufgehört hat. Halten Sie das Glas

beim Befüllen leicht schräg, damit sich keine neuen Luftblasen bilden.

EINGEKOCHTES MIT HERZHAFTER NOTE

Die Grundregeln gelten ebenso für die Zubereitung von Eingekochtem mit herzhaftem Geschmack. Im Normalfall werden Chutneys, Pickles und Co. so lange gekocht, bis sie eine zähflüssige bzw. breiige Konsistenz aufweisen. Auf keinen Fall dürfen sie wässrig sein. Wenn Sie etwas Chutney auf einen Teller geben und mit einem Löffel hindurchfahren, dann sollte eine klare Spur bleiben, ohne dass Flüssigkeit hineinläuft. Verwenden Sie ausschließlich festes, reifes und einwandfreies Gemüse und sorgen Sie dafür, dass sowohl die Gläser als auch alles andere immer sauber und warm sind. Bewahren Sie angefangene Gläser grundsätzlich im Kühlschrank auf.

Chutneys, Pickles und Co. enthalten meist eine Vielzahl an Kräutern und Gewürzen. Man sollte dabei beachten, dass getrocknete Kräuter und Gewürze Geschmack einbüßen, wenn sie zu lange gelagert werden. Dies wirkt sich dann natürlich auch auf das Endergebnis aus. Es ist also sinnvoll, Kräuter und Gewürze eher in kleinen Mengen zu kaufen als auf Vorrat.

Meist entfalten die Kräuter und Gewürze in Chutneys und Relishes ihr Aroma erst nach einigen Wochen Lagerzeit. Wenn Sie den Geschmack aber trotzdem grob einschätzen wollen, geben Sie einfach einen kleinen Klecks der Masse auf einen Teller und lassen Sie sie etwas auskühlen, bevor Sie sie probieren. Es empfiehlt sich aber, das Rezept erst einmal genau nach den Anweisungen in diesem Buch zuzubereiten. Nach dem ersten Versuch können Sie dann entscheiden, welche geschmacklichen Veränderungen Sie beim nächsten Mal vornehmen möchten.

CHUTNEYS

Ein Chutney ist eine zähflüssige Masse, die dadurch entsteht, dass man verschiedene Obst- und Gemüsesorten auf kleiner Flamme kocht und dann so viel Zucker, Essig und Gewürze zufügt, bis sowohl Farbe als auch Geschmack eine üppige, intensive Note aufweisen. Es gibt dabei unzählige Geschmacksvariationen. Sie werden bestimmt durch die verwendeten Obst- und Gemüsesorten und Gewürze.

Gewürze spielen bei der Zubereitung von Chutneys eine entscheidende Rolle. So können Sie z.B. ein gewöhnliches Chutney durch die Zugabe von Chilis, Kardamom und Zimt (um nur einige Gewürze zu nennen) in ein köstliches Chutney verwandeln. Passen Sie aber auf, dass Sie nicht zu viele bzw. zu viele verschiedene Gewürze verwenden, denn dann bleibt unter Umständen der Fruchtgeschmack des Chutneys auf der Strecke. Chutneys werden so lange gekocht, bis sie eine zähflüssige, breiige Konsistenz erreicht haben. Auch sollten Sie häufig umgerührt werden, damit sie nicht am Boden des Topfes ankleben oder anbrennen. Wenn Sie das fertige Chutney auf einen Teller geben und anschließend mit der Fingerspitze durch den Klecks fahren, dann sollte dabei eine deutlich abgegrenzte Linie zurückbleiben, in die keine Flüssigkeit aus den Rändern hineinläuft.

PICKLES

Wenn Sie Gemüse für Pickles vorbereiten, müssen Sie es in einer Lösung aus Salz und Wasser einweichen oder es mit Salz bestreut 24 Stunden durchziehen lassen. Das Salz zieht die Feuchtigkeit aus dem Gemüse, was dazu führt, dass es weicher wird. Enthält das Gemüse weniger Wasser, wird die Essiglösung der Pickles später nicht so stark verwässert und der Geschmack dadurch verbessert. Nach dem Salzen muss das Gemüse gründlich unter fließendem kalten Wasser gewaschen werden. Anschließend können Sie es im rohen

Nehmen Sie einen sauberen, dünnen Metallspieß und entfernen Sie damit sämtliche Luftbläschen aus den Gläsern.

Curds werden aus Früchten, Eiern und Butter zubereitet und haben in der Regel eine dicke, cremige Konsistenz.

Wenn Sie mit einem Löffel durch das Chutney fahren, sollte eine klare Linie zurückbleiben, ohne dass Flüssigkeit hineinläuft.

LAGERUNG

KONFITÜREN, EINGEMACHTES UND EIN-GEKOCHTES – Können in luftdichten Gläsern verschlossen an einem kühlen, dunklen Ort 6–12 Monate lang gelagert werden. Angefangene Gläser im Kühlschrank aufbewahren und innerhalb von 6 Wochen verbrauchen.

GELEES – Es gilt dasselbe wie für die Lagerung von Konfitüren, nur dass angefangene Gläser im Kühlschrank lediglich 1 Monat lang haltbar sind.

CURDS – Können in einem luftdicht verschlossenen Glas im Kühlschrank etwa 2 Wochen lang aufbewahrt werden.

FRUCHTPASTEN – Am besten lassen sich Fruchtpasten in einer Einweg-Grillschale aus Aluminium aufbewahren. Sie können sie aber auch lagern, indem Sie sie zuerst in Pergamentpapier, dann in Frischhaltefolie, dann in Aluminiumfolie, und zum Schluss noch einmal in Frischhaltefolie wickeln. An einem kühlen, dunklen Ort sind Fruchtpasten 6–12 Monate lang haltbar.

SOSSEN, CHUTNEYS, RELISHES UND PICK-LES – Sollten vor dem Öffnen mindestens 1 Monat lang gelagert werden, damit sich ihr Aroma voll entfalten kann. An einem kühlen, dunklen Ort sind sie bis zu 1 Jahr lang haltbar. Angefangene Gläser im Kühlschrank aufbewahren und innerhalb von 6 Wochen verbrauchen.

IM WASSERBAD EINGEKOCHTE FRÜCHTE – Können an einem kühlen, dunklen Ort etwa 1 Jahr lang gelagert werden. Geöffnete Gläser im Kühlschrank aufbewahren und innerhalb von 1 Woche verbrauchen.

SENF – Kann an einem kühlen, dunklen Ort etwa 3 Monate lang aufbewahrt werden. Angefangene Gläser halten sich im Kühlschrank 1–2 Wochen lang.

---

oder blanchierten Zustand in Gläser füllen. Bevor Sie diese verschließen, muss das Gemüse mit einer Essiglösung übergossen werden. Um den Geschmack zu intensivieren, können Sie Gewürze hinzufügen.

RELISHES

Relishes werden auf ähnliche Weise zubereitet wie Pickles. Zuerst wird das Gemüse gesalzen und dann gründlich gewaschen. Im Anschluss daran lässt man die Gemüsemischung in einer würzigen Essiglösung sanft köcheln und bindet sie schließlich mit etwas Speisestärke ab. Man kann das Relish aber auch mit einem dünnflüssigen Gemisch aus Mehl und Wasser abbinden.

CURDS

Im Gegensatz zu Konfitüren, Chutneys und Co. werden Curds durch langsames und vorsichtiges Erwärmen im Wasserbad zubereitet. Ansonsten gelten aber auch hier dieselben Regeln wie für die Herstellung von Konfitüre. Die Zugabe von Butter und Eiern sorgt dafür, dass die Fruchtmischung während des Kochens und der anschließenden Lagerung im Kühlschrank etwas eindickt.

FRUCHTPASTEN

Fruchtpasten sind eine Kreuzung aus Gelee und Konfitüre, deren Grundzutat ein abgesiehtes Fruchtpüree ist. Dieses wird mit Zucker vermischt und anschließend zu einer dicken Paste verkocht. Auch hier gelten die Grundregeln der Konfitürezubereitung. Äußerste Vorsicht ist außerdem beim Kochen von Fruchtpasten geboten, denn die heiße Fruchtmischung brodelt am Boden des Topfes wie heiße Lava vor sich hin. Achten Sie darauf, dass die Masse nicht zu lange kocht oder anbrennt. Für die Zubereitung von Fruchtpasten braucht man für gewöhnlich große Mengen an Obst. Die Herstellung empfiehlt sich also immer dann, wenn es die entsprechenden Früchte im Überangebot und zu einem günstigen Preis zu kaufen gibt.

Zitronenkerne und -schalen werden der kochenden Mischung häufig in einem kleinen Musselinbeutel zugegeben.

SÜSSE KONFITÜREN UND EINGEKOCHTE FRÜCHTE

Erdbeerkonfitüre

ZUTATEN

1,5 kg Erdbeeren

125 ml Zitronensaft

1,25 kg Zucker, erwärmt

Stellen Sie zwei kleine Teller für spätere Testzwecke ins Gefrierfach (evtl. benötigen Sie den zweiten nicht). Reiben Sie die Erdbeeren vorsichtig ab und entfernen Sie die Stielansätze. Mit dem Zitronensaft, dem warmen Zucker und 125 ml Wasser in einen großen Kochtopf geben. Vorsichtig erwärmen, ohne die Masse zum Kochen zu bringen, und von Zeit zu Zeit mit einem Holzkochlöffel vorsichtig umrühren. Erhöhen Sie dann die Hitzezufuhr und rühren Sie die Masse 10 Minuten lang um, ohne sie dabei zum Kochen zu bringen. Der Zucker sollte sich in dieser Zeit vollständig aufgelöst haben. Schalten Sie die Temperatur erneut hoch und lassen Sie alles unter häufigem Rühren etwa 20 Minuten lang kochen. Schöpfen Sie nun mit einem Schaumlöffel sämtlichen Schaum von der Konfitüre ab und beginnen Sie nach ca. 20 Minuten mit der Gelierprobe. Es kann aber auch bis zu 40 Minuten dauern, bis die Konfitüre zu gelieren beginnt.

Nehmen Sie den Topf anschließend vom Herd, geben Sie einen kleinen Klecks Konfitüre auf einen der beiden Teller und stellen Sie diesen dann für 30 Sekunden ins Gefrierfach. Ist der Gelierpunkt erreicht, bildet sich auf der Oberfläche der Konfitüre eine dünne Haut. Wenn Sie nun mit ihrer Fingerspitze durch den Klecks fahren, wird sich die Haut dabei in Falten legen. Schöpfen Sie erneut sämtlichen Schaum von der Konfitüre ab.

Gießen oder schöpfen Sie die fertige Konfitüre unverzüglich in saubere, warme Gläser und verschließen Sie diese sorgfältig. Stellen Sie die Gläser dann 2 Minuten lang auf den Kopf, drehen Sie sie anschließend wieder um und lassen Sie sie auskühlen. Beschriften und datieren Sie die Etiketten. Die Gläser können 6–12 Monate lang an einem kühlen, dunklen Ort gelagert werden. Angefangene Gläser sollten Sie im Kühlschrank aufbewahren und innerhalb von 6 Wochen verbrauchen.

Hinweis: WENN SIE DIE ERDBEEREN ERST EINMAL VOM STIELANSATZ BEFREIT HABEN, SOLLTEN SIE SIE NICHT MEHR WASCHEN, DENN DURCH DIE AUFNAHME VON WASSER KANN IHR GESCHMACK BEEINTRÄCHTIGT WERDEN.

Zubereitungszeit 15 Minuten ✳ Kochzeit 1 Stunde

Schweizer Biskuitrolle *mit Erdbeerkonfitüre*

Dieser Kuchen macht viel her, ist aber ganz leicht zuzubereiten. Achten Sie jedoch darauf, den Biskuitteig langsam und vorsichtig aufzurollen. Um den Kuchen noch schmackhafter zu machen, können Sie zusätzlich noch eine Schicht Schlagsahne auf die Konfitüre streichen.

ZUTATEN

90 g Mehl, mit 1 TL Backpulver vermischt

3 Eier, leicht verquirlt

170 g Zucker, extrafein

160 g Erdbeerkonfitüre, verrührt (Rezept auf der vorigen Seite)

Puderzucker zum Bestäuben

Heizen Sie den Backofen auf 190 °C/Gas Stufe 5 vor und fetten Sie ein flaches, etwa 2 x 25 x 30 cm großes Blech ein. Den Boden des Bleches mit Backpapier auslegen, sodass es an den Seiten etwas übersteht. Sieben Sie das Mehl dreimal.

Geben Sie die Eier in eine kleine Schüssel und schlagen Sie sie mit dem elektrischen Handrührgerät etwa 5 Minuten lang auf, bis sie dickflüssig und hell geworden sind. Fügen Sie nun langsam 115 g des Zuckers hinzu, schlagen Sie die Masse so lange weiter, bis sie hell und glänzend aussieht, und gießen Sie sie dann in eine große Schüssel. Nehmen Sie einen Metalllöffel und rühren Sie damit ganz vorsichtig das Mehl unter die Masse. Gießen Sie alles auf das Blech, streichen Sie die Oberfläche glatt und backen Sie den Teig etwa 10–12 Minuten lang bei 190 °C/Gas Stufe 5. Er sollte goldgelb aussehen und auf Druck etwas nachgeben. Breiten Sie ein sauberes Geschirrtuch auf ihrer Arbeitsfläche aus, legen Sie eine Schicht Backpapier darüber und bestreuen Sie diese dünn mit dem restlichen Zucker. Sobald der Kuchen fertig ist, vorsichtig vom Blech nehmen und auf den ausgestreuten Zucker legen.

Rollen Sie den Biskuitteig nun mit Hilfe des Geschirrtuches vorsichtig von der schmalen Seite her auf. Das Backpapier wird dabei mit eingerollt. Lassen Sie Rolle auf einem Kuchengitter 5 Minuten lang auskühlen und rollen Sie den Teig anschließend wieder auseinander. Lassen Sie ihn auf Zimmertemperatur abkühlen, verteilen Sie die Konfitüre darauf und rollen sie ihn erneut auf. Begradigen Sie die Enden der Rolle mit einem Messer und bestreuen Sie den Kuchen anschließend mit Puderzucker.

Zubereitungszeit 25 Minuten ✦ Backzeit 12 Minuten ✦ ergibt 10 Portionen

Eingekochte Feigen

ZUTATEN

1 kg frische Feigen, ohne Stiel

125 ml Zitronensaft

1 kg Zucker, erwärmt

Stellen Sie zwei kleine Teller für spätere Testzwecke ins Gefrierfach (evtl. benötigen Sie den zweiten nicht). Geben Sie die Feigen in eine große hitzebeständige Schüssel, übergießen Sie sie mit kochendem Wasser und lassen Sie sie 3 Minuten lang stehen. Das Wasser abgießen, die Feigen auskühlen lassen und klein schneiden.

Die Feigen mit dem Zitronensaft und 125 ml Wasser in einen großen Topf geben und zum Kochen bringen. Reduzieren Sie danach die Hitze und lassen Sie die Feigen zugedeckt köcheln, bis sie weich sind (ca. 20 Minuten). Fügen Sie dann den Zucker hinzu und lassen Sie die Feigen unter gelegentlichem Umrühren bei mittlerer Hitze etwa 5 Minuten köcheln, bis der Zucker vollständig gelöst ist.

Bringen Sie die Masse erneut zum Kochen und lassen Sie sie unter häufigem Rühren etwa 20 Minuten lang kochen. Schöpfen Sie während des Kochens sämtlichen Schaum mit einem Schaumlöffel ab und fügen Sie etwas Wasser hinzu, falls die Masse zu dick werden sollte. Wenn sie anfängt, dickflüssig und breiig zu werden, sollten Sie den Geliertest machen.

Nehmen Sie dazu den Topf vom Herd, geben Sie eine kleine Menge der eingekochten Feigen auf einen der vorbereiteten Teller und stellen Sie diesen anschließend für 30 Sekunden ins Gefrierfach. Ist der Gelierpunkt erreicht, bildet sich auf der Oberfläche der Masse eine dünne Haut. Wenn Sie nun mit ihrer Fingerspitze durch den Klecks fahren, wird sich die Haut dabei in Falten legen. Schöpfen Sie erneut sämtlichen Schaum ab.

Gießen Sie die Masse unverzüglich in saubere, warme Gläser und verschließen Sie diese sorgfältig. Stellen Sie die Gläser 2 Minuten lang auf den Kopf, drehen Sie sie anschließend wieder um und lassen Sie sie auskühlen. Beschriften und datieren Sie die Etiketten. Die Gläser können 6–12 Monate lang an einem kühlen, dunklen Ort gelagert werden. Nach dem Öffnen sind sie noch bis zu 6 Wochen im Kühlschrank haltbar.

Zubereitungszeit 20 Minuten ✳ Kochzeit 45 Minuten

Feigen-Himbeer-Kuchen
mit eingekochten Feigen

Diesen Teekuchen sollten Sie am besten noch am selben Tag essen. Der leicht erdige Geschmack der Feigen und das intensive Aroma frischer Himbeeren und Orangenschalen verbinden sich hier zu einem wundervollen Dessert.

ZUTATEN

185 g ungesalzene Butter

185 g extrafeiner Zucker

1 Ei

1 Eigelb

335 g Allzweckmehl

1 TL Backpulver

4 Feigen, geviertelt

abgeriebene Schale von 1 Orange

200 g Himbeeren

2 EL Zucker (zusätzlich)

eingekochte Feigen
   (siehe Rezept auf der vorigen Seite)

Schlagsahne oder Mascarpone als Beilage

Heizen Sie den Backofen auf 180 °C/Gas Stufe 4 vor und fetten Sie eine Springform mit 23 cm Durchmesser.

Schlagen Sie die Butter und den Zucker in einer Schüssel schaumig auf, rühren Sie dann das Ei und das Eigelb unter und schlagen Sie die Masse anschließend weiter auf. Sieben Sie das Mehl und das Backpulver dazu und fügen Sie eine Prise Salz hinzu. Rühren Sie so lange, bis alle Zutaten gründlich miteinander vermischt sind, und lassen Sie den Teig danach 15 Minuten lang stehen. Es sollte so fest sein, dass man ihn ausrollen kann.

Teilen Sie den Teig in zwei gleich große Hälften und rollen Sie eine Hälfte so groß aus, dass sie den Boden der Springform auskleidet. Geben Sie dann die Feigen, die Orangenschale und die Himbeeren darauf. Rollen Sie nun die zweite Teighälfte aus und legen sie diese auf die Fruchtfüllung. Bepinseln Sie die Oberfläche des Teiges mit etwas Wasser und streuen Sie den zusätzlichen Zucker darauf. Backen Sie den Kuchen 30 Minuten lang bei 180 °C/Gas Stufe 4 und überprüfen Sie dann mit einem langen Spieß die Konsistenz des Kuchens. Wenn beim Herausziehen keine Teigreste mehr am Spieß hängen bleiben, ist er fertig. Schneiden Sie den Kuchen in Stücke, verrühren Sie die eingekochten Feigen mit etwas Schlagsahne oder Mascarpone und reichen Sie sie als Beilage.

Zubereitungszeit 25 Minuten ✳ Kochzeit 30 Minuten

DIE FRUCHT
DER LEGENDEN

Mit ihrer samtweichen Haut und dem samengefüllten
Fruchtfleisch ist die Feige eine der sinnlichsten
Früchte. Es ist daher kaum verwunderlich,
dass sie bereits im alten Rom und in Griechenland
einen hohen Stellenwert besaß. Feigen zählten
dort nämlich nicht nur zu den Hauptnahrungsmitteln
der Götter, sondern spielten außerdem
eine so bedeutsame Rolle im
Speiseplan der Griechen, dass es
verboten war, sie zu exportieren.

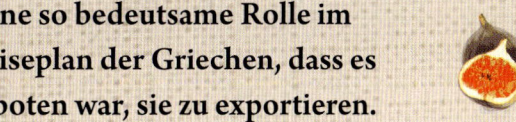

Beeren-Konfitüre

ZUTATEN

1 kg gemischte Beeren (Erdbeeren, Himbeeren,
Brombeeren, Blaubeeren, Maulbeeren)

80 ml Zitronensaft

1 kg Zucker, erwärmt

25 g Einmachhilfe

Geben Sie die Beeren und den Zitronensaft in einen großen Topf, und lassen Sie beides 10 Minuten lang köcheln. Fügen sie den Zucker hinzu und rühren Sie alles bei niedriger Hitze etwa 5 Minuten lang, bis der Zucker vollständig gelöst ist.

Lassen Sie die Mischung unter gelegentlichem Umrühren 15 Minuten lang kochen, nehmen Sie sie anschließend vom Herd und fügen Sie die Einmachhilfe hinzu. Lassen Sie sie dann weitere 5 Minuten lang sprudelnd kochen und schöpfen Sie dabei mit einem Schaumlöffel sämtlichen Schaum ab.

Füllen Sie die Konfitüre sofort in saubere, warme Gläser und verschließen Sie diese sorgfältig. Stellen Sie die Gläser dann 2 Minuten lang auf den Kopf, drehen Sie sie anschließend wieder um und lassen Sie sie auskühlen. Beschriften und datieren Sie die Etiketten. Die Konfitüre kann 6–12 Monate lang an einem kühlen, dunklen Ort gelagert werden. Angefangene Gläser im Kühlschrank aufbewahren und innerhalb von 6 Wochen verbrauchen.

Hinweis: BEFREIEN SIE DIE BEEREN VOR DEM KOCHEN VON SÄMTLICHEN STIELEN, BLÄTTERN UND SCHADHAFTEN STELLEN. SOLLTEN DIE BEEREN SANDIG ODER VERSCHMUTZT SEIN, WASCHEN SIE SIE ZUVOR UNTER FLIESSEND KALTEM WASSER AB UND LASSEN SIE SIE ANSCHLIESSEND GRÜNDLICH ABTROPFEN. FALLS ERFORDERLICH, VERWENDEN SIE RUHIG EINE MISCHUNG AUS FRISCHEN UND TIEFGEFRORENEN BEEREN.

Zubereitungszeit 20 Minuten ✤ Kochzeit 35 Minuten

SCONES

310 g gemischtes Mehl
1 Pck. Backpulver
1 Prise Salz
40 g kalte ungesalzene Butter, in Würfeln
2 EL Zucker
250 ml Milch

Heizen Sie den Backofen auf 220 °C/Gas Stufe 7 vor und fetten Sie ein Backblech oder legen Sie es mit Backpapier aus. Sieben Sie das Mehl und das Backpulver mit einer Prise Salz in eine Schüssel und kneten Sie dann die Butterstückchen rasch unter. Die Masse sollte so lange mit den Fingern geknetet werden, bis sie wie feine Brotkrümel aussieht. Fügen Sie anschließend den Zucker hinzu und formen Sie in der Mitte der Masse eine Vertiefung. Gießen Sie den Großteil der Milch hinein und vermischen Sie alle Zutaten gründlich miteinander. Drehen Sie dabei die Schüssel im Kreis. Falls die Mischung zu trocken sein sollte, fügen Sie noch etwas Milch hinzu. Der Teig sollte sich leicht feucht und klebrig anfühlen. Drücken Sie ihn mit bemehlten Händen vorsichtig zusammen, legen Sie ihn anschließend auf eine bemehlte Arbeitsfläche und formen Sie ihn zu einem glatten Ball. Der Teig darf nicht geknetet werden, sonst werden die Scones später hart.

Rollen Sie den Teig 2 cm dick aus und stechen Sie Kreise daraus aus. Der Teig sollte nicht zu dünn sein, sonst werden die Scones hinterher nicht hoch genug. Sammeln Sie die Teigreste, rollen Sie sie erneut aus und stechen Sie wiederum Kreise aus. Legen Sie die Brötchen eng nebeneinander auf das vorbereitete Backblech und bestreichen Sie sie auf der Oberfläche mit etwas Milch. Schieben Sie sie anschließend auf mittlerer Schiene 12–15 Minuten lang in den Backofen, bis sie leicht gebräunt und etwas aufgegangen sind. Weiche Brötchen können Sie direkt in ein trockenes Geschirrtuch einwickeln, solange sie noch heiß sind, während Brötchen mit knuspriger Oberfläche vor dem Einwickeln noch etwas auskühlen sollten.

ZUBEREITUNGSZEIT 20 MINUTEN
BACKZEIT 12–15 MINUTEN
ERGIBT 10–12 SCONES

Aprikosen-Passionsfrucht-Konfitüre

ZUTATEN

1,2 kg frische Aprikosen, entsteint

1 kg Zucker, erwärmt

2 EL Zitronensaft

160 g Fruchtfleisch von Passionsfrüchten

Stellen Sie zwei kleine Teller für spätere Testzwecke ins Gefrierfach (evtl. benötigen Sie den zweiten nicht). Schneiden Sie die Aprikosen in Viertel und geben Sie sie mit 80 ml Wasser in einen großen Topf. Lassen Sie die Früchte zugedeckt auf kleiner Flamme etwa 10 Minuten lang kochen, bis sie weich sind. Nehmen Sie den Topf anschließend vom Herd und fügen Sie den Zucker, den Zitronensaft und das Fruchtfleisch der Passionsfrüchte hinzu. Erwärmen Sie alles vorsichtig und lassen Sie die Mischung unter ständigem Rühren etwa 5 Minuten lang köcheln, bis der Zucker vollständig gelöst ist. Bringen Sie die Masse dann zum Kochen und lassen Sie sie etwa 30 Minuten lang unter häufigem Rühren sprudelnd weiterkochen. Schöpfen Sie dabei sämtlichen Schaum ab. Sobald die Konfitüre in dicken Klecksen von einem Holzkochlöffel fällt, ohne dabei zu tropfen, können Sie mit der Gelierprobe beginnen. Nehmen Sie dazu den Topf vom Herd, geben Sie etwas Konfitüre auf einen der vorbereiteten Teller und stellen Sie diesen anschließend für 30 Sekunden ins Gefrierfach. Ist der Gelierpunkt erreicht, bildet sich auf der Oberfläche der Konfitüre eine dünne Haut. Wenn Sie nun mit ihrer Fingerspitze durch den Klecks fahren, wird sich die Haut dabei in Falten legen. Schöpfen Sie erneut sämtlichen Schaum ab. Füllen Sie die Konfitüre mit Hilfe eines Löffels sofort in saubere, warme Gläser und verschließen Sie diese sorgfältig. Stellen Sie die Gläser 2 Minuten lang auf den Kopf, drehen Sie sie anschließend wieder um und lassen Sie sie auskühlen. Beschriften und datieren Sie die Etiketten. Die Konfitüre kann 6–12 Monate lang an einem kühlen, dunklen Ort gelagert werden. Angefangene Gläser sollten Sie im Kühlschrank aufbewahren und innerhalb von 6 Wochen verbrauchen.

Zubereitungszeit 15 Minuten ✳ Kochzeit 45 Minuten

Himbeerkonfitüre

ZUTATEN

1,5 kg Himbeeren, frisch oder tiefgefroren

80 ml Zitronensaft

1,5 kg Zucker, erwärmt

Stellen Sie zwei kleine Teller für spätere Testzwecke ins Gefrierfach (evtl. benötigen Sie den zweiten nicht). Geben Sie die Beeren zusammen mit dem Zitronensaft in einen großen Topf, vermischen Sie alles sorgfältig miteinander und lassen Sie die Beeren dann auf kleiner Flamme etwa 10 Minuten lang köcheln, bis sie weich sind.

Fügen Sie den Zucker hinzu und lassen Sie die Masse unter ständigem Rühren etwa 5 Minuten lang sachte köcheln, bis der Zucker vollständig gelöst ist.

Bringen Sie die Mischung anschließend zum Kochen und lassen Sie sie etwa 20 Minuten lang unter häufigem Rühren kochen. Achten Sie darauf, dass die Konfitüre nicht am Topfboden anklebt oder anbrennt und schöpfen Sie während des Kochens sämtlichen Schaum mit Hilfe eines Schaumlöffels ab. Sobald die Konfitüre in dicken Klecksen von einem Holzkochlöffel fällt, ohne dabei zu tropfen, können Sie mit der Gelierprobe beginnen.

Nehmen Sie dazu den Topf vom Herd, geben Sie etwas Konfitüre auf einen der vorbereiteten Teller und stellen Sie diesen anschließend für 30 Sekunden ins Gefrierfach. Ist der Gelierpunkt erreicht, bildet sich auf der Oberfläche der Konfitüre eine dünne Haut. Wenn Sie nun mit ihrer Fingerspitze durch den Klecks fahren, wird sich die Haut dabei in Falten legen. Schöpfen Sie erneut den Schaum von der Konfitüre ab.

Füllen Sie die Konfitüre mit Hilfe eines Löffels sofort in saubere, warme Gläser. Stellen Sie die Gläser 2 Minuten lang auf den Kopf, drehen Sie sie anschließend wieder um und lassen Sie sie auskühlen. Beschriften und datieren Sie die Etiketten. Die Gläser können 6–12 Monate lang an einem kühlen, dunklen Ort gelagert werden. Nach dem Öffnen sind sie noch ca. 6 Wochen im Kühlschrank haltbar.

Hinweis: SIE KÖNNEN AUCH TIEFGEFRORENE HIMBEEREN VERWENDEN. DIESE SOLLTEN SIE DANN ALLERDINGS EIN PAAR MINUTEN LÄNGER KOCHEN.

Zubereitungszeit 10 Minuten ✦ Kochzeit 35 Minuten

Prinzessinnenfinger *mit Himbeerkonfitüre*

Kleine Kuchenschnitten sind ideal für jede Tee-Party – egal, ob morgens oder nachmittags. Dieser leckere Kuchen ist mit Nüssen, Konfitüre und Kokosraspeln gefüllt und kann schon einige Tage im Voraus zubereitet werden.

ZUTATEN

125 g weiche ungesalzene Butter,
    in Würfel geschnitten

80 g extrafeiner Zucker

1 TL natürlicher Vanilleextrakt

2 Eigelb

250 g Allzweckmehl

1 TL Backpulver

1 EL Milch

160 g Himbeerkonfitüre
    (Rezept auf der vorigen Seite)

40 g Walnüsse, klein gehackt

80 g Belegkirschen (kandierte Kirschen),
    klein geschnitten

2 Eiweiß

1 EL Orangenschale, gerieben

115 g extrafeiner Zucker (zusätzlich)

45 g Kokosnuss, geraspelt

30 g Puffreis

Heizen Sie den Backofen auf 180 °C/Gas Stufe 4 vor. Fetten Sie ein flaches, etwa 20 x 30 cm großes Backblech ein und legen Sie es anschließend mit Backpapier aus, sodass das Backpapier etwas übersteht. Mischen Sie die Butter mit dem Zucker und dem Vanilleextrakt und schlagen Sie alles mit dem elektrischen Handrührgerät auf, bis die Masse hell und schaumig aussieht. Fügen Sie dann die Eigelbe einzeln hinzu und schlagen Sie die Masse nach jedem Eigelb erneut auf. Das Mehl und das Backpulver in eine Schüssel sieben und beides mit einem Metalllöffel unter die schaumige Masse rühren. Zum Schluss noch die Milch unterrühren und den Teig gleichmäßig auf das vorbereitete Backblech streichen. Bestreichen Sie ihn mit der Himbeerkonfitüre und verteilen Sie darauf die klein geschnittenen Walnüsse und Kirschen. Schlagen Sie die Eiweiße in einer kleinen sauberen Schüssel steif und rühren Sie die Orangenschalen und den zusätzlichen Zucker mit einem Metalllöffel unter. Mit den Kokosraspeln und dem Puffreis ebenso verfahren und die fertige Masse auf den Kuchen streichen, am besten mit einem Pfannenwender. Backen Sie den Kuchen 30–35 Minuten lang bei 180 °C/Gas Stufe 4, bis er fest und goldgelb aussieht. Lassen Sie den Kuchen auf dem Blech auskühlen, heben Sie ihn anschließend mit Hilfe des überstehenden Backpapiers aus der Form und schneiden Sie ihn in längliche Stücke. In einem luftdichten Behälter aufbewahrt, sind die Kuchenschnitten bis zu 4 Tage lang haltbar.

Zubereitungszeit 35 Minuten ✦ Backzeit 35 Minuten ✦ ergibt 24 Stücke

Eingekochte Blaubeeren

ZUTATEN

1 kg Blaubeeren

60 ml Zitronensaft (die Kerne von 1 Zitrone aufheben)

1 kg Zucker, erwärmt

Stellen Sie zwei kleine Teller für spätere Testzwecke ins Gefrierfach (evtl. benötigen Sie den zweiten nicht). Geben Sie die Beeren zusammen mit 185 ml Wasser in einen großen Topf. Legen Sie die Zitronenkerne auf ein Stück Musselintuch und binden Sie dieses mit einer Schnur zu einem kleinen Beutel zusammen. Geben Sie die Kerne zu den Beeren und lassen Sie alles bei kleiner Hitze etwa 5 Minuten lang köcheln, bis die Beeren langsam Farbe abgeben.

Fügen Sie den Zitronensaft und den Zucker unter Rühren hinzu und lassen Sie die Mischung etwa 5 Minuten lang leicht köcheln, bis der Zucker vollständig gelöst ist. Bringen Sie sie dann vorsichtig zum Kochen und lassen Sie sie anschließend 20–25 Minuten lang unter häufigem Rühren kochen. Schöpfen Sie während des Kochens sämtlichen Schaum mit einem Schaumlöffel ab. Sobald die Masse in dicken, schweren Klecksen von einem leicht schräg gehaltenen Holzkochlöffel fällt, ohne dabei zu tropfen, ist es Zeit für die Gelierprobe.

Nehmen Sie dazu den Topf vom Herd, geben Sie eine kleine Menge der eingekochten Blaubeeren auf einen der vorbereiteten Teller und stellen Sie diesen anschließend für 30 Sekunden ins Gefrierfach. Ist der Gelierpunkt erreicht, bildet sich auf der Oberfläche der Masse eine dünne Haut. Wenn Sie nun mit ihrer Fingerspitze durch den Klecks fahren, wird sich die Haut dabei in Falten legen. Schöpfen Sie erneut sämtlichen Schaum ab.

Gießen Sie die Masse in einen hitzebeständigen Krug, füllen Sie sie aus diesem sofort in saubere, warme Gläser und verschließen Sie diese dann sorgfältig. Stellen Sie die Gläser 2 Minuten lang auf den Kopf, drehen Sie sie anschließend wieder um und lassen Sie sie auskühlen. Beschriften und datieren Sie die Etiketten. Die Konfitüre kann 6–12 Monate lang an einem kühlen dunklen Ort gelagert werden. Angefangene Gläser sind im Kühlschrank bis zu 6 Wochen lang haltbar.

Zubereitungszeit 10 Minuten ✦ Kochzeit 35 Minuten

Eingemachte Pfirsiche

ZUTATEN

1,5 kg Pfirsiche (etwa 9 große Pfirsiche)
1 grüner Apfel
1 Zitrone
1 kg Zucker, erwärmt

Stellen Sie zwei kleine Teller für spätere Testzwecke ins Gefrierfach (evtl. benötigen Sie den zweiten nicht). Schneiden Sie die Pfirsiche auf der Unterseite kreuzförmig ein, geben Sie sie in eine hitzebeständige Schale und übergießen Sie sie mit kochendem Wasser. Lassen Sie sie 1–2 Minuten lang stehen und heben Sie sie dann aus dem Wasser. Lassen Sie sie etwas auskühlen und schälen Sie anschließend die Haut ab. Halbieren Sie die Pfirsiche, entfernen Sie den Kern und schneiden Sie das Fruchtfleisch in 2 cm große Würfel.

Schneiden Sie den Apfel einschließlich der Schale und der Kerne in etwa 1 cm große Würfel. Schälen Sie die Zitrone dünn ab, halbieren Sie sie und pressen Sie sie aus. Geben Sie die Apfelstückchen und die Zitronenzesten auf ein Stück Musselintuch und binden Sie dieses mit einer Schnur zu einem Beutel zusammen.

Geben Sie die Pfirsiche mit dem Musselinbeutel und 310 ml Wasser in einen großen Topf und bringen Sie alles vorsichtig zum Kochen. Reduzieren Sie danach die Hitze und lassen Sie alles etwa 30 Minuten lang köcheln, bis die Pfirsiche weich geworden sind. Schöpfen Sie dabei sämtlichen Schaum ab und entfernen Sie außerdem allen überschüssigen Saft aus dem Musselinbeutel, indem Sie ihn fest an den Rand des Topfes drücken.

Fügen Sie den Zucker hinzu und rühren Sie die Mischung dann auf kleiner Flamme 5 Minuten lang, bis der Zucker vollständig gelöst ist. Geben Sie den Zitronensaft dazu, kochen Sie die Mischung erneut auf und lassen Sie sie unter häufigem Rühren etwa 30 Minuten lang sprudelnd kochen. Achten Sie darauf, dass nichts anbrennt. Sobald die Mischung in dicken schweren Klecksen von einem leicht schräg gehaltenen Holzkochlöffel fällt, ohne dabei zu tropfen, ist es Zeit für die Gelierprobe.

Nehmen Sie dazu den Topf vom Herd, geben Sie eine kleine Menge der eingemachten Pfirsiche auf einen der vorbereiteten Teller und stellen Sie diesen anschließend für 30 Sekunden ins Gefrierfach. Sobald der Gelierpunkt erreicht ist, bildet sich eine dünne Haut auf der Pfirsichmischung. Wenn Sie nun mit ihrer Fingerspitze durch den Klecks fahren, wird sich die Haut dabei in Falten legen. Schöpfen Sie erneut sämtlichen Schaum ab.

Füllen Sie die eingemachten Pfirsiche mit Hilfe eines Löffels sofort in saubere, warme Gläser und verschließen Sie diese sorgfältig. Stellen Sie die Gläser 2 Minuten lang auf den Kopf, drehen Sie sie anschließend wieder um und lassen Sie sie auskühlen. Beschriften und datieren Sie die Etiketten. Die Konfitüre kann 6–12 Monate lang an einem kühlen, dunklen Ort gelagert werden. Angefangene Gläser im Kühlschrank aufbewahren und innerhalb von 6 Wochen verbrauchen.

Zubereitungszeit 20 Minuten ✱ Kochzeit 1 Stunde 5 Minuten

Tomaten-Ananas-Konfitüre

ZUTATEN

2 kg reife Tomaten

1,5 kg Zucker, erwärmt

125 ml Zitronensaft

440 g abgetropfte Ananasstücke aus der Dose

Stellen Sie zwei kleine Teller für spätere Testzwecke ins Gefrierfach (evtl. benötigen Sie den zweiten nicht). Schneiden Sie die Tomaten auf der Unterseite kreuzweise ein, legen Sie sie in eine große Schale und übergießen Sie sie mit kochendem Wasser. Lassen Sie sie anschließend etwa 30 Sekunden lang stehen, bis sich die Schale an den Schnittstellen etwas ablöst, und legen Sie die Tomaten dann in eine Schüssel mit kaltem Wasser. Schälen Sie die Tomaten und schneiden Sie das Fruchtfleisch klein.

Geben Sie die Tomaten in einen großen Topf, fügen Sie die Hälfte des erwärmten Zuckers hinzu und lassen Sie die Mischung anschließend 5–10 Minuten lang bei niedriger Hitze und unter ständigem Rühren köcheln. Die Tomaten sollten weich gekocht und der Zucker vollständig aufgelöst sein.

Fügen Sie dann den Zitronensaft, die Ananas und den restlichen Zucker hinzu und rühren Sie alles auf kleiner Flamme, bis der Zucker vollständig gelöst ist. Bringen Sie die Masse anschließend zum Kochen und lassen Sie sie unter häufigem Rühren 30–35 Minuten lang kochen. Schöpfen sie dabei sämtlichen Schaum mit einem Schaumlöffel ab. Sobald die Konfitüre in dicken schweren Klecksen von einem leicht schräg gehaltenen Holzkochlöffel fällt, ohne dabei zu tropfen, können Sie die Gelierprobe machen.

Nehmen Sie dazu den Topf vom Herd, geben Sie etwas Konfitüre auf einen der vorbereiteten Teller und stellen sie diesen anschließend für 30 Sekunden ins Gefrierfach. Ist der Gelierpunkt erreicht, bildet sich auf der Oberfläche der Konfitüre eine dünne Haut. Wenn Sie nun mit ihrer Fingerspitze durch den Klecks fahren, wird sich die Haut dabei in Falten legen. Schöpfen Sie erneut sämtlichen Schaum ab.

Füllen Sie die Konfitüre mit Hilfe eines Löffels sofort in saubere, warme Gläser und verschließen Sie diese sorgfältig. Stellen Sie die Gläser 2 Minuten lang auf den Kopf, drehen Sie sie anschließend wieder um und lassen Sie sie auskühlen. Beschriften und datieren Sie die Etiketten. Die Konfitüre kann 6–12 Monate lang an einem kühlen, dunklen Ort gelagert werden. Angefangene Gläser halten sich im Kühlschrank etwa 6 Wochen lang.

Hinweis: UM DEN GESCHMACK DER KONFITÜRE ZU OPTIMIEREN, SOLLTEN SIE AUSSCHLIESSLICH GANZ REIFE TOMATEN VERWENDEN. STRAUCH- BZW. RISPENTOMATEN SIND HIERFÜR AM BESTEN GEEIGNET.

Zubereitungszeit 20 Minuten ✱ Kochzeit 35 Minuten

SÜSSE KONFITÜREN UND EINGEKOCHTE FRÜCHTE

Blutpflaumenkonfitüre

ZUTATEN

2 kg Blutpflaumen

125 ml Zitronensaft

1,5 kg Zucker, erwärmt

Stellen Sie zwei kleine Teller für spätere Testzwecke ins Gefrierfach (evtl. benötigen Sie den zweiten nicht). Schneiden Sie die Pflaumen der Länge nach durch und entfernen Sie die Kerne. Knacken Sie einige der Kerne auf und entnehmen Sie die Samen. Legen Sie die Samen dann auf ein Stück Musselintuch und binden Sie das Tuch mit einer Schnur zu einem Beutel zusammen. Geben Sie den Beutel mit den Pflaumen und 1 l Wasser in einen großen Topf und bringen Sie die Mischung langsam zum Kochen. Reduzieren Sie danach die Hitze und lassen Sie die Früchte zugedeckt 30 Minuten lang köcheln, bis sie weich geworden sind.

Fügen Sie den Zitronensaft und den Zucker hinzu und rühren Sie das Ganze auf kleiner Flamme etwa 5 Minuten lang, bis der Zucker vollständig gelöst ist. Bringen Sie die Mischung anschließend erneut zum Kochen und lassen Sie sie unter häufigem Rühren etwa 20 Minuten lang kochen. Schöpfen Sie dabei sämtlichen Schaum mit einem Schaumlöffel ab. Sobald die Konfitüre in dicken schweren Klecksen von einem leicht schräg gehaltenen Holzkochlöffel fällt, ohne dabei zu tropfen, können Sie mit der Gelierprobe beginnen.

Nehmen Sie dazu den Topf vom Herd, geben Sie etwas Konfitüre auf einen der vorbereiteten Teller und stellen Sie diesen anschließend für 30 Sekunden ins Gefrierfach. Ist der Gelierpunkt erreicht, bildet sich auf der Oberfläche der Konfitüre eine dünne Haut. Wenn Sie nun mit ihrer Fingerspitze durch den Klecks fahren, wird sich die Haut dabei in Falten legen. Schöpfen Sie erneut sämtlichen Schaum ab.

Füllen Sie die Konfitüre mit Hilfe eines Löffels sofort in saubere, warme Gläser und verschließen Sie diese sorgfältig. Stellen Sie die Gläser 2 Minuten lang auf den Kopf, drehen Sie sie anschließend wieder um und lassen Sie sie auskühlen. Beschriften und datieren Sie die Etiketten. An einem kühlen, dunklen Ort können die Gläser 6–12 Monate lang gelagert werden. Angefangene Gläser sollten Sie im Kühlschrank aufbewahren und innerhalb von 6 Wochen verbrauchen.

Hinweis: BLUTPFLAUMEN HABEN EINE DUNKLE HAUT UND DUNKLES FRUCHTFLEISCH. FALLS SIE KEINE BEKOMMEN SOLLTEN, KÖNNEN SIE NATÜRLICH AUCH ANDERE PFLAUMENSORTEN VERWENDEN.

Zubereitungszeit 20 Minuten ✱ Kochzeit 1 Stunde 15 Minuten

EINE KLEBRIGE SACHE

Pflaumen enthalten von Natur aus wenig Pektin,
weshalb Pflaumenkonfitüre häufig nicht so gut
geliert. Um dieses Problem zu umgehen, können
Sie ein paar Pflaumenkerne aufknacken und
die darin enthaltenen Samen entnehmen. Legen Sie
diese dann in einen fest verschlossenen
Musselinbeutel und geben Sie den Beutel
während des Kochens als Einmachhilfe
zur Konfitüre.

Monte Creams *mit Blutpflaumenkonfitüre*

Man sagt, dass dieser bei Kindern und Erwachsenen gleichermaßen beliebte Keks seinen Namen der zauberhaften Stadt Monte Carlo zu verdanken hat. Woher der Name auch immer stammt, die Kekse schmecken jedenfalls köstlich.

ZUTATEN
125 g ungesalzene Butter
115 g extrafeiner Zucker
60 ml Milch
185 g mit 2 TL Backpulver gemischtes Mehl
30 g Vanillepuddingpulver (zum Kochen) oder
   Instant-Vanillepuddingpulver (ohne Kochen)
1 Prise Salz
30 g Kokosnuss, geraspelt
Puddingpulver bzw. Instant-Puddingpulver,
   zusätzlich

FÜR DIE FÜLLUNG
75 g weiche, ungesalzene Butter
85 g Puderzucker
2 TL Milch
105 g Blutpflaumenkonfitüre
   (Rezept auf der vorigen Seite)

Heizen Sie den Backofen auf 180 °C/Gas Stufe 4 vor und legen Sie 2 Backbleche mit Backpapier aus. Schlagen Sie die Butter und den Zucker mit dem elektrischen Handrührgerät in einer kleinen Schüssel hell und schaumig auf. Fügen Sie die Milch und das Salz hinzu und schlagen Sie die Masse weiter auf, bis alle Zutaten sorgfältig miteinander vermischt sind. Sieben Sie das Mehl und das Puddingpulver und geben Sie beides mit den Kokosraspeln zusammen in die Schüssel. Zu einem weichen Teig verrühren.

Formen Sie aus je 2 TL Teig kleine Kugeln, bis der gesamte Teig aufgebraucht ist. Legen Sie die Kugeln auf die Backbleche und drücken Sie sie auf der Oberfläche leicht mit einer Gabel ein. Tauchen Sie die Gabel dabei von Zeit zu Zeit in das zusätzliche Puddingpulver ein, damit die Zacken nicht am Teig kleben bleiben. Backen Sie die Kekse dann 15–20 Minuten, bis sie goldgelb sind, und legen Sie sie anschließend auf ein Kuchengitter zum Abkühlen. Vor dem Füllen müssen die Kekse vollständig erkaltet sein.

Schlagen Sie für die Füllung die Butter und den Puderzucker mit dem elektrischen Handrührgerät schaumig und rühren Sie anschließend die Milch unter, bis eine homogene Masse entstanden ist. Nehmen Sie einen Keks und bestreichen Sie ihn zuerst mit ½ TL Füllung, dann mit ½ TL Pflaumenkonfitüre. Legen Sie einen zweiten Keks als Deckel obendrauf und verfahren Sie ebenso mit den restlichen Keksen.

Zubereitungszeit 30 Minuten ✦ Backzeit 20 Minuten ✦ ergibt 25 Stück

Rhabarber-Ingwer-Konfitüre

ZUTATEN

1,5 kg Rhabarber, geschält und ohne Blätter bzw. Strünke

1,5 kg Zucker, erwärmt

125 ml Zitronensaft

ein etwa 4 cm großes Stück frische Ingwerwurzel, halbiert und geschält

100 g Ingwer, kandiert

Schneiden Sie den Rhabarber in kleine Stücke und geben Sie ihn mit dem Zucker und dem Zitronensaft in eine große, nichtmetallische Schüssel. Lassen Sie die Mischung zugedeckt über Nacht stehen.

Stellen Sie zwei kleine Teller für spätere Testzwecke ins Gefrierfach (evtl. benötigen Sie den zweiten nicht). Geben Sie die Rhabarbermischung in einen großen Topf, hacken Sie den frischen Ingwer klein und legen Sie ihn auf ein Stück Musselintuch. Binden Sie das Tuch mit einer Schnur zu einem Beutel zusammen und geben Sie diesen dann zu den Rhabarberstückchen in den Topf. Rühren Sie alles auf kleiner Flamme etwa 5 Minuten lang vorsichtig um, bis der Zucker vollständig gelöst ist, und bringen Sie die Mischung anschließend zum Kochen. Lassen Sie sie dann unter häufigem Rühren 20–30 Minuten lang sprudelnd kochen und schöpfen Sie dabei sämtlichen Schaum mit einem Schaumlöffel ab. Sobald die Konfitüre in dicken, schweren Klecksen von einem leicht schräg gehaltenen Holzkochlöffel fällt, ohne dabei zu tropfen, können Sie mit der Gelierprobe beginnen.

Nehmen Sie dazu den Topf vom Herd, geben Sie etwas Rhabarberkonfitüre auf einen der vorbereiteten Teller und stellen Sie diesen anschließend für 30 Sekunden ins Gefrierfach. Ist der Gelierpunkt erreicht, bildet sich auf der Oberfläche der Konfitüre eine dünne Haut. Wenn Sie nun mit ihrer Fingerspitze durch den Klecks fahren, wird sich die Haut dabei in Falten legen. Schöpfen Sie erneut sämtlichen Schaum ab und entfernen Sie den Musselinbeutel. Hacken Sie den kandierten Ingwer klein und geben Sie ihn in den Topf.

Füllen Sie die Konfitüre mit Hilfe eines Löffels sofort in saubere, warme Gläser und verschließen Sie diese sorgfältig. Stellen Sie die Gläser 2 Minuten lang auf den Kopf, drehen Sie sie anschließend wieder um und lassen Sie sie auskühlen. Beschriften und datieren Sie die Etiketten. Die Konfitüre kann an einem kühlen, dunklen Ort 6–12 Monate lang gelagert werden. Angefangene Gläser im Kühlschrank aufbewahren und innerhalb von 6 Wochen verbrauchen.

Hinweis: JE NACH PERSÖNLICHEM GESCHMACK KÖNNEN SIE MEHR ODER WENIGER INGWER VERWENDEN.

Zubereitungszeit 15 Minuten plus Einweichen über Nacht ✳ Kochzeit 35 Minuten

Aprikosen-konfitüre

ZUTATEN

1 kg Aprikosen, entsteint und geviertelt

1 kg Zucker, erwärmt

Stellen Sie zwei kleine Teller für spätere Testzwecke ins Gefrierfach (evtl. benötigen Sie den zweiten nicht). Geben Sie die Aprikosen zusammen mit 375 ml Wasser in einen großen Topf, bringen Sie die Mischung anschließend zum Kochen und lassen Sie sie unter ständigem Rühren 20 Minuten lang kochen, bis die Früchte weich geworden sind.

Fügen Sie den Zucker hinzu und rühren Sie die Mischung auf kleiner Flamme 5 Minuten lang, bis der Zucker vollständig gelöst ist. Bringen Sie sie anschließend erneut zum Kochen und lassen Sie sie etwa 20 Minuten lang unter häufigem Rühren kochen. Achten Sie beim Umrühren darauf, dass die Konfitüre nicht anbrennt und schöpfen Sie sämtlichen Schaum mit einem Schaumlöffel ab. Sobald die Konfitüre in dicken, schweren Klecksen von einem leicht schräg gehaltenen Holzkochlöffel fällt, ohne dabei zu tropfen, können Sie mit der Gelierprobe beginnen.

Nehmen Sie dazu den Topf vom Herd, geben Sie etwas Aprikosenkonfitüre auf einen der vorbereiteten Teller und stellen Sie diesen anschließend für 30 Sekunden ins Gefrierfach. Ist der Gelierpunkt erreicht, bildet sich auf der Oberfläche der Konfitüre eine dünne Haut. Wenn Sie nun mit ihrer Fingerspitze durch den Klecks fahren, wird sich die Haut dabei in Falten legen. Schöpfen sie erneut sämtlichen Schaum ab. Füllen Sie die Konfitüre mit Hilfe eines Löffels sofort in saubere, warme Gläser und verschließen Sie diese sorgfältig. Stellen Sie die Gläser 2 Minuten lang auf den Kopf, drehen Sie sie anschließend wieder um und lassen Sie sie auskühlen. Beschriften und datieren Sie die Etiketten. Die Konfitüre kann 6–12 Monate lang an einem kühlen, dunklen Ort gelagert werden. Nach dem Öffnen ist sie bis zu 6 Wochen lang im Kühlschrank haltbar.

Zubereitungszeit 20 Minuten * Kochzeit 45 Minuten

Konfitüre aus tiefgefrorenen Beeren

ZUTATEN

300 g Brombeeren, tiefgefroren

300 g Himbeeren, tiefgefroren

300 g Blaubeeren, tiefgefroren

60 ml Zitronensaft (bitte die Kerne aufheben)

750 g Zucker, erwärmt

Stellen Sie zwei kleine Teller für spätere Testzwecke ins Gefrierfach (evtl. benötigen Sie den zweiten nicht). Geben Sie die tiefgefrorenen Beeren zusammen mit dem Zitronensaft und 750 ml Wasser in einen großen Topf.

Legen Sie die Zitronenkerne auf ein Stück Musselintuch und binden Sie dieses mit einer Schnur zu einem Beutel zusammen. Geben Sie den Beutel zu den Beeren in den Topf, bringen Sie die Mischung anschließend zum Kochen und reduzieren Sie danach die Hitze. Lassen Sie die Beeren etwa 30 Minuten lang sachte köcheln.

Fügen Sie den Zucker hinzu und rühren Sie dann alles auf kleiner Flamme 5 Minuten lang, bis der Zucker vollständig gelöst ist. Bringen Sie die Mischung erneut zum Kochen, lassen Sie sie unter häufigem Rühren 30–40 Minuten lang kochen und schöpfen Sie dabei sämtlichen Schaum mit einem Schaumlöffel ab. Sobald die Konfitüre in dicken, schweren Klecksen von einem leicht schräg gehaltenen Holzkochlöffel fällt, ohne dabei zu tropfen, ist es Zeit für die Gelierprobe.

Nehmen Sie dazu den Topf vom Herd, geben Sie etwas Beerenkonfitüre auf einen der vorbereiteten Teller und stellen Sie diesen anschließend für 30 Sekunden ins Gefrierfach. Ist der Gelierpunkt erreicht, bildet sich auf der Oberfläche der Konfitüre eine dünne Haut. Wenn Sie nun mit ihrer Fingerspitze durch den Klecks fahren, wird sich die Haut dabei in Falten legen. Schöpfen sie erneut sämtlichen Schaum ab.

Füllen Sie die Konfitüre mit Hilfe eines Löffels sofort in saubere, warme Gläser und verschließen Sie diese sorgfältig. Stellen Sie die Gläser 2 Minuten lang auf den Kopf, drehen Sie sie anschließend wieder um und lassen Sie sie auskühlen. Beschriften und datieren Sie die Etiketten. Die Konfitüre kann 6–12 Monate lang an einem kühlen, dunklen Ort gelagert werden. Nach dem Öffnen ist sie bis zu 6 Wochen lang im Kühlschrank haltbar.

Zubereitungszeit 10 Minuten ✦ Kochzeit 1 Stunde 5 Minuten

Bananenkonfitüre

ZUTATEN

1 kg sehr reife Bananen (ungefähr 7 Stück), geschält

100 ml Zitronensaft

750 g Zucker, erwärmt

Schneiden Sie die Bananen klein und geben Sie sie zusammen mit dem Zitronensaft und dem Zucker in einen großen Topf. Bringen Sie die Mischung zum Kochen und schöpfen Sie dabei sämtlichen Schaum mit einem Schaumlöffel ab.

Lassen Sie die Mischung anschließend bei mittlerer Hitze etwa 30 Minuten lang kochen. Reduzieren Sie danach die Hitze und lassen Sie die Mischung unter häufigem Rühren 15–20 Minuten lang köcheln, bis sie dickflüssig und hellrot geworden ist. Schöpfen Sie erneut sämtlichen Schaum ab.

Füllen Sie die Konfitüre mit Hilfe eines Löffels sofort in saubere, warme Gläser und verschließen Sie diese sorgfältig. Stellen Sie die Gläser 2 Minuten lang auf den Kopf, drehen Sie sie anschließend wieder um und lassen Sie sie auskühlen. Beschriften und datieren Sie die Etiketten. Die Konfitüre kann 6–12 Monate lang an einem kühlen, dunklen Ort gelagert werden. Nach dem Öffnen im Kühlschrank aufbewahren und innerhalb von 6 Wochen verbrauchen.

Hinweis: FÜR DIE BANANENKONFITÜRE SOLLTEN SIE NUR SEHR WEICHE BANANEN VERWENDEN, ÄHNLICH WIE FÜR EINEN BANANENKUCHEN AUCH. GENAU GENOMMEN HANDELT ES SICH BEI DIESEM REZEPT AUCH GAR NICHT UM EINE KONFITÜRE, ABER DAS TUT IHREM GESCHMACK KEINEN ABBRUCH. SIE KÖNNEN DIE BANANENKONFITÜRE GENAUSO VERWENDEN WIE ANDERE KONFITÜREN AUCH.

Zubereitungszeit 10 Minuten ✦ Kochzeit 50 Minuten

Bananenmuffins *mit Bananenkonfitüre*

In diesem Rezept finden Sie die perfekten Muffins, wie sie eigentlich in jede Vesperbox gehören. Diese leichten, saftigen Küchlein schmecken aber auch sehr gut zum Tee, vor allem wenn Sie dazu eine ordentliche Portion Bananenkonfitüre reichen.

ZUTATEN

310 g mit 2 TL Backpulver gemischtes Mehl

170 g extrafeiner Zucker

½ TL Kürbiskuchengewürz, gemahlen
   (Gewürzmischung aus Zimt, Ingwer,
   Gewürznelken, Muskat, Piment und
   Muskatblüte)

2 Eier, leicht verquirlt

1 TL natürlicher Vanilleextrakt

250 ml Milch

150 g ungesalzene Butter, geschmolzen und
   anschließend wieder abgekühlt

240 g reife Bananen, zerdrückt

Bananenkonfitüre zum Bestreichen
   (Rezept auf der vorigen Seite)

Heizen Sie den Backofen auf 200 °C/Gas Stufe 6 vor und fetten Sie eine Muffinform (Sie können natürlich auch Papierförmchen in die Vertiefungen legen). Sieben Sie das Mehl in eine Schüssel, fügen Sie den Zucker und das Gewürz hinzu und vermischen Sie alle Zutaten sorgfältig miteinander. Formen Sie dann in der Mitte eine Vertiefung und geben Sie die mit den Eiern und dem Vanilleextrakt verquirlte Milch hinein, ebenso die abgekühlte, flüssige Butter und die Bananen. Nehmen Sie anschließend einen Metalllöffel zur Hand und verrühren Sie alle Zutaten sorgfältig miteinander. Bei diesem speziellen Rezept ist es übrigens ganz normal, dass der Teig auch nach längerem Rühren leicht klumpig bleibt. Gießen Sie die Teigmasse anschließend in die Vertiefungen der Backform und achten Sie darauf, dass jede Vertiefung etwa zu drei Vierteln mit Teig gefüllt wird.

Backen Sie die Muffins 20–25 Minuten lang bei 200 °C/Gas Stufe 6. Sie sollten gegen Ende der Backzeit goldgelb aussehen und innen nicht mehr teigig sein (wenn man mit einem Spieß hineinsticht, dürfen beim Herausziehen keine Teigreste mehr am Spieß kleben bleiben). Lassen Sie die Muffins einige Minuten lang in der Form auskühlen, heben Sie sie anschließend mit Hilfe eines breiten Messers heraus und setzen Sie sie auf ein Kuchengitter. Servieren Sie die Muffins entweder warm oder zimmerwarm und bestreichen Sie sie mit der Bananenkonfitüre.

Zubereitungszeit 20 Minuten ✦ Backzeit 25 Minuten ✦ ergibt 12 Stück

FRUCHTHACKSCHNITTEN

250 g Mehl
60 g Puderzucker
185 g ungesalzene Butter, in Würfel geschnitten
1 Ei
410 g Fruchthack
150 g Pflaumen, entkernt und klein gehackt
100 g kandierter Ingwer, klein gehackt
1 Ei, leicht verquirlt
Puderzucker zum Bestäuben

Heizen Sie den Backofen auf 190 °C/Gas Stufe 5 vor, fetten Sie ein flaches, 18 x 28 cm großes Backblech und legen Sie es mit Backpapier aus, sodass es etwas übersteht. Sieben Sie das Mehl und den Puderzucker in eine große Schüssel und kneten Sie dann vorsichtig die Butterwürfel unter. Formen Sie in der Mitte des Teiges eine Vertiefung und geben Sie in diese das Ei. Vermischen Sie anschließend sämtliche Zutaten gründlich. Heben Sie den Teig auf eine bemehlte Arbeitsfläche und drücken Sie ihn vorsichtig zusammen, bis er glatt ist.
Teilen Sie den Teig in zwei Hälften und rollen Sie eine davon auf dem Backblech aus. Backen Sie den Teig anschließend 10 Minuten lang bei 190 °C/Gas Stufe 5 und lassen Sie ihn danach gut auskühlen. Rollen Sie dann die andere Teighälfte auf einem Stück Backpapier aus und stellen Sie das Blech 15 Minuten lang in den Kühlschrank. Verteilen Sie das Fruchthack gleichmäßig auf der gebackenen Teighälfte und bestreuen Sie es anschließend mit den klein geschnittenen Pflaumen und dem Ingwer. Schneiden Sie dann die kühl gestellte Teighälfte in dünne Streifen und ordnen Sie diese in einem diagonalen Gittermuster auf dem Fruchthack an. Bestreichen Sie die Streifen mit dem verquirlten Ei und backen Sie den Kuchen etwa 30 Minuten lang bei 190 °C/Gas Stufe 5, bis er goldgelb aussieht. Lassen Sie ihn auf dem Backblech auskühlen und heben Sie ihn dann aus der Form. Schneiden Sie ihn in Stücke und servieren Sie ihn mit Puderzucker bestäubt. Wenn Sie den Kuchen in einem luftdichten Behälter an einem kühlen Platz bzw. im Kühlschrank aufbewahren, hält er sich bis zu 4 Tage.

ZUBEREITUNGSZEIT 20 MINUTEN
KOCHZEIT 40 MINUTEN ✦ ERGIBT 15 STÜCK

Traditionelles Fruchthack

ZUTATEN

2 große grüne Äpfel (etwa 440 g), geschält, entkernt und klein geschnitten
250 g fertig abgepackte Talgmischung
345 g weicher, brauner Zucker, fest zusammengepresst
375 g Rosinen
250 g Sultaninen
250 g Korinthen
150 g kandierte Zitrusfruchtschalen
100 g gestiftelte Mandeln, klein gehackt
1 EL Mixed Spices (gemahlene Gewürzmischung aus Kreuzkümmel, Piment, Koriander und Ingwer)
½ TL Muskat
½ TL Zimt
2 TL Orangenschale, gerieben
1 TL Zitronenschale, gerieben
250 ml Orangensaft
125 ml Zitronensaft
150 ml Brandy

Vermischen Sie alle Zutaten mit 125 ml Brandy in einer großen Schüssel und kneten Sie anschließend alles gut durch.
Füllen Sie das Fruchthack in saubere, warme Gläser und entfernen Sie mit Hilfe eines Metallspießes sämtliche Luftblasen aus den Gläsern. Lassen Sie beim Befüllen etwa 1,5 cm Platz nach oben und säubern Sie die Gläser anschließend gründlich mit einem Tuch. Geben Sie den restlichen Brandy auf die Oberfläche des Fruchthacks und verschließen Sie die Gläser dann sorgfältig. Beschriften und datieren Sie die Etiketten. Lassen Sie das Fruchthack mindestens 3 Wochen lang ruhen (besser 6 Monate), bevor Sie es als Füllung für Kuchen und Törtchen verwenden.

Zubereitungszeit 20 Minuten ✦ keine Kochzeit

Mince Pies *mit traditionellem Fruchthack*

Es gibt wohl kaum etwas Wohltuenderes als einen warmen Mince Pie an einem kalten Wintertag. Diese kleinen Törtchen sind bereits seit langem fester Bestandteil der englischen Weihnachtsbäckerei.

ZUTATEN

250 g Mehl

150 g gekühlte, ungesalzene Butter, in Würfel geschnitten

85 g Puderzucker

2–3 EL Wasser, eisgekühlt

traditionelles Fruchthack
 (Rezept auf der vorigen Seite)

Puderzucker zum Bestäuben

Heizen Sie den Backofen auf 180 °C/Gas Stufe 4 vor und fetten Sie zwei Mini-Muffinbleche oder 2 flache Pastetenformen (mit je 12 Vertiefungen) ein.

Sieben Sie nun das Mehl in eine Schüssel und kneten Sie anschließend die Butter unter, bis die Masse wie feine Brotkrümel aussieht. Rühren Sie dann den Puderzucker unter und formen Sie in der Mitte des Teiges eine Vertiefung. Gießen Sie einen Großteil des Wassers hinein, fahren Sie mit einem Messer mit breiter Klinge in schnellen, schneidenden Bewegungen durch den Teig, bis dieser krümelig zu werden beginnt. Sollte der Teig zu fest sein, gießen Sie einfach noch etwas Wasser hinzu. Legen Sie den Teig anschließend auf eine leicht bemehlte Arbeitsfläche und formen Sie ihn zu einem Ball. Rollen Sie zwei Drittel davon aus und schneiden Sie mit einer Ausstechform mit gewelltem Rand 24 Kreise daraus aus. Die Kreise sollten etwas größer sein als die Vertiefungen der Backform. Legen Sie sie anschließend in die Vertiefungen.

Verteilen Sie das Fruchthack gleichmäßig auf die Teigböden, rollen Sie den restlichen Teig aus (er sollte etwas dünner ausgerollt werden als der Teig zuvor) und stechen Sie dann mit derselben Ausstechform zwölf Kreise aus. Nehmen Sie anschließend eine etwas kleinere Ausstechform (ebenfalls mit gewelltem Rand) und stechen sie nochmals 12 Kreise aus. Legen Sie die größeren Kreise auf die eine Hälfte der Törtchen und drücken Sie die Teigränder zum Verschließen leicht zusammen. Legen Sie die kleineren Kreise auf die andere Hälfte der Törtchen und schieben Sie die Backform für 25 Minuten in den Ofen, bis die Törtchen goldgelb aussehen. Lassen Sie sie 5 Minuten lang in der Form auskühlen, heben Sie sie mit Hilfe eines Messers heraus und lassen Sie sie dann auf einem Kuchengitter vollständig auskühlen. Bestäuben Sie die Törtchen zum Schluss mit Puderzucker und essen Sie sie innerhalb weniger Tage auf.

Zubereitungszeit 30 Minuten ✦ Backzeit 25 Minuten ✦ ergibt 24 Stück

Ananas-Mango-Konfitüre

ZUTATEN

1 reife Ananas

2 große Mangos

1 TL Zitronenschale, gerieben

80 ml Zitronensaft (heben Sie die Kerne und die Schale von 1 Zitrone auf)

1,2 kg Zucker, erwärmt

Stellen Sie zwei kleine Teller für spätere Testzwecke ins Gefrierfach (evtl. benötigen Sie den zweiten nicht). Entfernen Sie die Schale der Ananas großzügig (es dürfen keine braunen Stellen mehr im Fruchtfleisch zurückbleiben) und schneiden Sie die Ananas anschließend der Länge nach in Viertel. Entfernen Sie den harten Strunk in der Mitte und schneiden Sie das Fruchtfleisch dann in 1 cm große Stücke. Schälen Sie die Mangos, lösen Sie aus jeder Mango den Kern heraus und schneiden Sie das Fruchtfleisch ebenfalls in 1 cm große Stücke. Geben Sie die klein geschnittene Ananas zusammen mit den Mangostückchen, der Zitronenschale, dem Zitronensaft und dem Zucker in einen großen Topf und rühren Sie alles etwa 5 Minuten lang, bis der Zucker vollständig gelöst ist.

Legen Sie die Zitronenkerne und die Zitronenschale auf ein Stück Musselintuch und binden Sie dieses mit einer Schnur fest zusammen. Bringen Sie die Mischung anschließend zum Kochen, reduzieren Sie danach die Hitze und lassen Sie sie 30–40 Minuten lang unter häufigem Rühren sachte köcheln, bis sie den Gelierpunkt erreicht hat. Schöpfen Sie dabei sämtlichen Schaum mit Hilfe eines Schaumlöffels ab (Vorsicht: Diese Konfitüre neigt sehr zum Schäumen!) und achten Sie außerdem darauf, dass die Konfitüre nicht anbrennt. Sobald die Konfitüre in dicken, schweren Klecksen von einem leicht schräg gehaltenen Holzkochlöffel fällt, ohne dabei zu tropfen, können Sie mit der Gelierprobe beginnen. Nehmen Sie dazu den Topf vom Herd, geben Sie etwas Ananas-Mango-Konfitüre auf einen der vorbereiteten Teller und stellen Sie diesen anschließend für 30 Sekunden ins Gefrierfach. Ist der Gelierpunkt erreicht, bildet sich auf der Oberfläche der Konfitüre eine dünne Haut. Wenn Sie nun mit ihrer Fingerspitze durch den Klecks fahren, wird sich die Haut dabei in Falten legen. Schöpfen sie erneut sämtlichen Schaum ab.

Gießen Sie die Konfitüre sofort in saubere, warme Gläser und verschließen Sie diese sorgfältig. Stellen Sie die Gläser 2 Minuten lang auf den Kopf, drehen Sie sie anschließend wieder um und lassen Sie sie auskühlen. Beschriften und datieren Sie die Etiketten. Die Konfitüre kann 6–12 Monate lang an einem kühlen, dunklen Ort gelagert werden. Angefangene Gläser im Kühlschrank aufbewahren und innerhalb von 6 Wochen verbrauchen.

Zubereitungszeit 30 Minuten ✳ Kochzeit 45 Minuten

Brombeer-Apfel-Konfitüre

ZUTATEN

750 g grüne Äpfel

1 kg Brombeeren

1,5 kg Zucker, erwärmt

Stellen Sie zwei kleine Teller für spätere Testzwecke ins Gefrierfach (evtl. benötigen Sie den zweiten nicht). Schälen und putzen Sie die Äpfel und schneiden Sie sie anschließend klein. Geben Sie die Äpfel zusammen mit den Brombeeren und 125 ml Wasser in einen großen Topf und lassen Sie die Mischung zugedeckt etwa 30 Minuten lang bei mittlerer Hitze kochen, bis die Früchte weich geworden sind.

Fügen Sie den Zucker hinzu und rühren Sie alles auf kleiner Flamme, bis der Zucker vollständig gelöst ist. Bringen Sie die Masse anschließend zum Kochen und lassen Sie sie unter häufigem Rühren etwa 20 Minuten lang kochen. Achten Sie dabei darauf, dass die Konfitüre nicht anbrennt. Sobald die Konfitüre in dicken, schweren Klecksen von einem leicht schräg gehaltenen Holzkochlöffel fällt, ohne dabei zu tropfen, können Sie die Gelierprobe machen.

Nehmen Sie dazu den Topf vom Herd, geben Sie etwas Konfitüre auf einen der vorbereiteten Teller und stellen Sie diesen anschließend für 30 Sekunden ins Gefrierfach. Ist der Gelierpunkt erreicht, bildet sich auf der Oberfläche der Konfitüre eine dünne Haut. Wenn Sie nun mit ihrer Fingerspitze durch den Klecks fahren, wird sich die Haut dabei in Falten legen. Schöpfen sie erneut sämtlichen Schaum ab.

Gießen Sie die Konfitüre in einen hitzebeständigen Krug und füllen Sie sie dann unverzüglich in saubere, warme Gläser. Verschließen Sie die Gläser sorgfältig und stellen Sie sie anschließend für 2 Minuten auf den Kopf, bevor Sie sie wieder umdrehen und auskühlen lassen. Beschriften und datieren Sie die Etiketten. Die Konfitüre kann 6–12 Monate lang an einem kühlen, dunklen Ort gelagert werden. Angefangene Gläser im Kühlschrank aufbewahren und innerhalb von 6 Wochen verbrauchen.

Zubereitungszeit 20 Minuten ✳ Kochzeit 55 Minuten

Eingemachte Honigmelone mit Zitrone

ZUTATEN

2,5 kg Honigmelone

6 Zitronen

1 EL Brandy

1,25 kg Zucker, erwärmt

Stellen Sie zwei kleine Teller für spätere Testzwecke ins Gefrierfach (evtl. benötigen Sie den zweiten nicht). Schälen Sie die Melonen und entfernen Sie dabei die Kerne. Schneiden Sie anschließend das Fruchtfleisch in 1 cm große Würfel und geben Sie es in einen großen Topf.

Schrubben Sie die Zitronen mit einer weichen Bürste unter fließend heißem Wasser ab und entfernen Sie dabei die Wachsschicht auf der Schale. Halbieren Sie die Zitronen, pressen Sie sie aus (bitte die Kerne dabei aufbewahren!) und geben Sie den Zitronensaft in den Topf zu den Melonenstückchen. Schneiden Sie nun die ausgepressten Zitronenhälften grob klein und verteilen Sie die Schalen und die Kerne auf 2 Musselintücher. Binden Sie beide mit einer Schnur zu einem Beutel zusammen und geben Sie diesen dann zusammen mit dem Brandy und 750 ml Wasser in den Topf. Bringen Sie die Mischung anschließend zum Kochen und lassen Sie sie etwa 40 Minuten lang kochen, bis die Früchte weich geworden sind. Fügen Sie den Zucker hinzu und rühren Sie alles auf kleiner Flamme ca. 5 Minuten lang, bis der Zucker vollständig gelöst ist. Bringen Sie die Masse dann erneut zum Kochen und lassen Sie sie unter häufigem Rühren 30 Minuten lang kochen. Sobald sie jedoch anfängt einzudicken und dunkler zu werden, reduzieren Sie die Hitze und lassen Sie alles unter häufigem Rühren 20–30 Minuten lang köcheln. Sobald die Masse in dicken, schweren Klecksen von einem leicht schräg gehaltenen Holzkochlöffel fällt, ohne dabei zu tropfen, können Sie mit der Gelierprobe beginnen.

Nehmen Sie dazu den Topf vom Herd, geben Sie eine kleine Menge der eingemachten Honigmelonen auf einen der vorbereiteten Teller und stellen Sie diesen anschließend für 30 Sekunden ins Gefrierfach. Ist der Gelierpunkt erreicht, bildet sich auf der Oberfläche der Masse eine dünne Haut. Wenn Sie nun mit ihrer Fingerspitze durch den Klecks fahren, wird sich die Haut dabei in Falten legen. Schöpfen Sie den Schaum ab.

Füllen Sie die eingemachten Honigmelonen mit Hilfe eines Löffels sofort in saubere, warme Gläser und stellen Sie sie dann 2 Minuten lang auf den Kopf, bevor Sie sie wieder umdrehen und auskühlen lassen. Beschriften und datieren Sie die Etiketten. Die Gläser können 6–12 Monate lang an einem kühlen, dunklen Ort gelagert werden. Nach dem Öffnen sind sie noch ca. 6 Wochen im Kühlschrank haltbar.

Zubereitungszeit 25 Minuten ＊ Kochzeit 1 Stunde 45 Minuten

Schwarzkirsch-konfitüre

ZUTATEN

1 kg frische Schwarzkirschen

125 ml Zitronensaft

750 g Zucker, erwärmt

25 g Einmachhilfe, falls nötig

Stellen Sie zwei kleine Teller ins Gefrierfach. Zupfen Sie die Stiele von den Kirschen, schneiden Sie die Früchte mit Hilfe eines kleinen scharfen Messers auf und entfernen Sie dabei die Kerne. Geben Sie die Kirschkerne auf ein Stück Musselintuch und binden Sie dieses mit einer Schnur zu einem Beutel zusammen.

Geben Sie die Kirschen und den Beutel mit den Kirschkernen in einen großen Topf und fügen Sie 250 ml Wasser sowie den Zitronensaft hinzu. Lassen Sie die Mischung einmal aufkochen, reduzieren Sie danach die Hitze und lassen Sie die Früchte anschließend unter häufigem Rühren etwa 30 Minuten lang köcheln, bis sie weich geworden sind. Entfernen Sie danach den Musselinbeutel.

Geben Sie den Zucker dazu und rühren Sie alles auf kleiner Flamme etwa 5 Minuten lang, bis der Zucker vollständig gelöst ist. Bringen Sie die Mischung dann erneut zum Kochen und lassen Sie sie unter häufigem Rühren 15–20 Minuten lang kochen. Schöpfen Sie sämtlichen Schaum mit einem Schaumlöffel ab.

Nehmen Sie anschließend den Topf vom Herd, geben Sie etwas Kirschkonfitüre auf einen der vorbereiteten Teller und stellen Sie diesen für 30 Sekunden ins Gefrierfach. Ist der Gelierpunkt erreicht, bildet sich auf der Oberfläche der Konfitüre eine dünne Haut. Wenn Sie nun mit ihrer Fingerspitze durch den Klecks fahren, wird sich die Haut dabei in Falten legen. Hat die Konfitüre nicht ausreichend geliert, geben Sie einfach die Einmachhilfe dazu und lassen Sie die Mischung nochmals 5 Minuten lang sprudelnd kochen. Schöpfen Sie erneut sämtlichen Schaum ab und füllen Sie die Konfitüre dann mit Hilfe eines Löffels in saubere, warme Gläser. Stellen Sie die Gläser 2 Minuten lang auf den Kopf, drehen Sie sie anschließend wieder um und lassen Sie sie auskühlen. Beschriften bzw. datieren Sie die Etiketten.

Die Konfitüre kann 6–12 Monate lang an einem kühlen, dunklen Ort gelagert werden. Angefangene Gläser in den Kühlschrank stellen und innerhalb von 6 Wochen verbrauchen.

Hinweis: Kirschen enthalten nur wenig Pektin, was häufig die Zugabe einer Einmachhilfe erforderlich macht. Wenn Sie keine Einmachhilfe bekommen können, dann lassen Sie die Konfitüre einfach etwas länger kochen und geben Sie mehr Zitronensaft dazu.

Zubereitungszeit 20 Minuten ✦ Kochzeit 1 Stunde

Eingemachte Trockenpfirsiche mit Gewürzen

ZUTATEN

400 g getrocknete Pfirsiche, jede Frucht ein- oder zweimal durchgeschnitten

2 Zimtstangen

3 Gewürznelken

3 Kardamomkapseln

1,25 kg Zucker, erwärmt

60 ml Zitronensaft

Geben Sie die getrockneten Pfirsiche in eine nichtmetallische Schüssel, übergießen Sie sie mit 1,75 l Wasser und lassen Sie sie über Nacht stehen.

Stellen Sie zwei kleine Teller für spätere Testzwecke ins Gefrierfach (evtl. benötigen Sie den zweiten nicht).

Gießen Sie die Pfirsiche mitsamt dem Einweichwasser in einen großen Topf, legen Sie die Gewürze auf ein Stück Musselintuch und binden Sie dieses mit einer Schnur zu einem Beutel zusammen. Geben Sie den Beutel zusammen mit 250 ml Wasser in den Topf und bringen Sie die Mischung anschließend zum Kochen. Reduzieren Sie danach die Hitze und lassen Sie die Früchte ca. 20 Minuten lang köcheln, bis sie weich geworden sind.

Fügen Sie den Zucker und den Zitronensaft hinzu und rühren Sie alles auf kleiner Flamme etwa 5 Minuten lang, bis der Zucker vollständig gelöst ist. Bringen Sie die Mischung dann erneut zum Kochen und lassen Sie sie unter häufigem Rühren 20–25 Minuten lang kochen. Schöpfen Sie während des Kochens sämtlichen Schaum mit einem Schaumlöffel ab. Sobald die Masse in dicken, schweren Klecksen von einem leicht schräg gehaltenen Holzkochlöffel fällt, ohne dabei zu tropfen, können Sie mit der Gelierprobe beginnen. Nehmen Sie dazu den Topf vom Herd, geben Sie eine kleine Menge der eingemachten Pfirsiche auf einen der vorbereiteten Teller und stellen Sie diesen anschließend für 30 Sekunden ins Gefrierfach. Ist der Gelierpunkt erreicht, bildet sich auf der Oberfläche der Masse eine dünne Haut. Wenn Sie nun mit ihrer Fingerspitze durch den Klecks fahren, wird sich die Haut dabei in Falten legen. Schöpfen sie erneut sämtlichen Schaum ab.

Füllen Sie die eingemachten Pfirsiche sofort mit Hilfe eines Löffels in saubere, warme Gläser und verschließen Sie diese sorgfältig. Stellen Sie die Gläser 2 Minuten lang auf den Kopf, drehen Sie sie anschließend wieder um und lassen Sie sie auskühlen. Beschriften und datieren Sie die Etiketten. Die Gläser können 6–12 Monate lang an einem kühlen, dunklen Ort gelagert werden. Nach dem Öffnen im Kühlschrank aufbewahren und innerhalb von 6 Wochen verbrauchen.

Zubereitungszeit 15 Minuten + Einweichen über Nacht ✳ Kochzeit 50 Minuten

Boysenbeerenkonfitüre

ZUTATEN

1 kg frische Boysenbeeren

80 ml Zitronensaft

1 kg Zucker, erwärmt

Stellen Sie zwei kleine Teller für spätere Testzwecke ins Gefrierfach (evtl. benötigen Sie den zweiten Teller nicht). Geben Sie die Beeren zusammen mit dem Zitronensaft in einen großen Topf und lassen Sie die Mischung 10 Minuten köcheln. Fügen Sie den Zucker hinzu und rühren Sie dann alles 5 Minuten lang auf kleiner Flamme, bis der Zucker vollständig gelöst ist.

Bringen Sie die Mischung anschließend zum Kochen, lassen Sie sie unter häufigem Rühren etwa 20 Minuten lang kochen und schöpfen Sie dabei sämtlichen Schaum mit einem Schaumlöffel ab. Sobald die Konfitüre in dicken, schweren Klecksen von einem leicht schräg gehaltenen Holzkochlöffel fällt, ohne dabei zu tropfen, können Sie mit der Gelierprobe beginnen.

Nehmen Sie dazu den Topf vom Herd, geben Sie etwas Konfitüre auf einen der vorbereiteten Teller und stellen Sie diesen anschließend für 30 Sekunden ins Gefrierfach. Ist der Gelierpunkt erreicht, bildet sich auf der Oberfläche der Konfitüre eine dünne Haut. Wenn Sie nun mit ihrer Fingerspitze durch den Klecks fahren, wird sich die Haut dabei in Falten legen. Schöpfen sie erneut sämtlichen Schaum ab.

Gießen Sie die Konfitüre sofort in saubere, warme Gläser und verschließen Sie diese sorgfältig. Stellen Sie die Gläser dann 2 Minuten lang auf den Kopf, drehen Sie sie anschließend wieder um und lassen Sie sie auskühlen. Beschriften und datieren Sie die Etiketten. Die Konfitüre kann 6–12 Monate lang an einem kühlen, dunklen Ort gelagert werden. Angefangene Gläser im Kühlschrank aufbewahren und innerhalb von 6 Wochen verbrauchen.

Hinweis: FALLS KEINE BOYSENBEEREN ERHÄLTLICH SIND, KÖNNEN SIE GENAUSO GUT JEDE ANDERE WEICHE BEERENSORTE VERWENDEN. ALS ERSATZ DIENEN U.A. MAULBEEREN, HIMBEEREN ODER BROMBEEREN.

Zubereitungszeit 20 Minuten ✦ Kochzeit 35 Minuten

EUROPÄISCHE UND
ASIATISCHE BIRNEN

Europäische Birnen weisen die klassische Birnenform auf und haben für gewöhnlich süßes, buttriges und leicht körniges Fruchtfleisch und einen leicht säuerlichen Beigeschmack. Es gibt zahlreiche Sorten. Asiatische Birnen werden auch „Nashi" genannt (der Name bedeutet im Japanischen schlichtweg „Birne"). Sie haben eine rundliche Form und ein äußerst knuspriges saftiges und süßes Fruchtfleisch mit sehr mildem Geschmack.

Eingemachte Birnen mit Ingwer

ZUTATEN

1,5 kg Birnen der Sorte „Beurre Bosc"

60 ml Zitronensaft

1 TL Zitronenschale, gerieben

1,5 kg Zucker, erwärmt

150 g kandierter Ingwer, fein gehackt

Stellen Sie zwei kleine Teller für spätere Testzwecke ins Gefrierfach (evtl. benötigen Sie den zweiten nicht). Schälen, halbieren und putzen Sie die Birnen. Schneiden Sie das Fruchtfleisch in 1,5 cm große Stücke und legen Sie das Kerngehäuse und die Samen der Birnen auf ein Musselintuch. Binden Sie das Tuch mit einer Schnur zu einem Beutel zusammen und geben Sie diesen zusammen mit den Birnenstückchen, dem Zitronensaft, der Zitronenschale und 250 ml Wasser in einen großen Topf.

Bringen Sie die Mischung anschließend zum Kochen, reduzieren Sie danach die Hitze und lassen Sie die Birnen 20–25 Minuten lang köcheln, bis sie weich geworden sind. Fügen Sie den Zucker und den kandierten Ingwer hinzu und rühren Sie dann alles auf kleiner Flamme 5–10 Minuten lang, bis der Zucker vollständig gelöst ist. Kochen Sie die Mischung anschließend erneut auf, lassen Sie sie unter häufigem Rühren 20–25 Minuten lang kochen und schöpfen Sie dabei sämtlichen Schaum mit einem Schaumlöffel ab. Sobald die Mischung in dicken, schweren Klecksen von einem leicht schräg gehaltenen Holzkochlöffel fällt, ohne dabei zu tropfen, können Sie mit der Gelierprobe beginnen.

Nehmen Sie dazu den Topf vom Herd, geben Sie einen kleinen Klecks eingemachte Birnen auf einen der vorbereiteten Teller und stellen Sie diesen anschließend für 30 Sekunden ins Gefrierfach. Ist der Gelierpunkt erreicht, bildet sich auf der Oberfläche der Masse eine dünne Haut. Wenn Sie nun mit ihrer Fingerspitze durch den Klecks fahren, wird sich die Haut dabei in Falten legen. Entfernen Sie zum Schluss den Musselinbeutel und schöpfen sie erneut sämtlichen Schaum ab.

Füllen Sie die eingemachten Birnen mit Hilfe eines Löffels sofort in saubere, warme Gläser und verschließen Sie diese sorgfältig. Stellen Sie die Gläser 2 Minuten lang auf den Kopf, drehen Sie sie anschließend wieder um und lassen Sie sie auskühlen. Beschriften und datieren Sie die Etiketten. Die Gläser können 6–12 Monate lang an einem kühlen, dunklen Ort gelagert werden. Nach dem Öffnen im Kühlschrank aufbewahren und innerhalb von 6 Wochen verbrauchen.

Zubereitungszeit 30 Minuten ✳ Kochzeit 1 Stunde

Eingemachte Winterfrüchte

ZUTATEN

1,5 kg feste Birnen, geschält und entkernt

1 Grapefruit

1 Orange

1 Zitrone

1,5 kg Zucker, erwärmt

250 g Rosinen

60 g Sultaninen

80 ml Whisky

Geben Sie die Birnenstücke in einen Mixer und schrubben Sie die Grapefruit, die Orange und die Zitrone unter fließend warmem Wasser mit einer weichen Bürste gründlich ab, um die Wachsschicht zu entfernen. Halbieren Sie die Zitrusfrüchte, schneiden Sie sie in dünne Scheiben und entfernen Sie dabei die Kerne. Hacken Sie dann das Fruchtfleisch klein und geben Sie es zusammen mit dem Fruchtsaft zu den Birnen in den Mixer. Pürieren Sie die Masse anschließend portionsweise, bis Sie ein breiiges Fruchtpüree erhalten, und gießen Sie dieses dann in eine große, nichtmetallische Schüssel. Fügen Sie den Zucker hinzu und lassen Sie alles zugedeckt über Nacht stehen.

Gießen Sie die Masse in einen großen Topf und bringen Sie sie zum Kochen. Reduzieren Sie die Hitze, lassen Sie die Masse unter häufigem Rühren etwa 45 Minuten lang köcheln und schöpfen Sie dabei sämtlichen Schaum mit einem Schaumlöffel ab.

Fügen Sie die Rosinen und Sultaninen hinzu und lassen Sie die Mischung unter häufigem Rühren ca. 45 Minuten lang kochen, bis sie dickflüssig geworden ist. Nehmen Sie danach den Topf vom Herd und rühren Sie den Whisky unter.

Füllen Sie die eingemachten Winterfrüchte sofort in saubere, warme Gläser und verschließen Sie diese sorgfältig. Stellen Sie die Gläser 2 Minuten lang auf den Kopf, drehen Sie sie anschließend wieder um und lassen Sie sie auskühlen. Beschriften und datieren Sie die Etiketten. Die Gläser können 6–12 Monate lang an einem kühlen, dunklen Ort gelagert werden. Nach dem Öffnen im Kühlschrank aufbewahren und innerhalb von 6 Wochen verbrauchen.

Zubereitungszeit 30 Minuten ✲ Kochzeit 1 Stunde 30 Minuten

Eingemachte Quitten

ZUTATEN

2 kg Quitten (etwa 5 Stück)

185 ml Zitronensaft

1,5 kg Zucker, erwärmt

Stellen Sie zwei kleine Teller für spätere Testzwecke ins Gefrierfach (evtl. benötigen Sie den zweiten nicht). Vierteln, schälen und entkernen Sie die Quitten. Schneiden Sie das Fruchtfleisch in kleine Würfel und geben Sie es zusammen mit dem Zitronensaft und 2 l Wasser in einen großen Topf. Bringen Sie die Mischung vorsichtig zum Kochen, reduzieren Sie danach die Hitze und lassen Sie die Masse zugedeckt etwa 1 Stunde lang köcheln, bis die Früchte weich geworden sind. Fügen Sie den Zucker hinzu und rühren Sie die Mischung dann auf kleiner Flamme ca. 5 Minuten lang, bis der Zucker vollständig gelöst ist.

Bringen Sie die Mischung erneut zum Kochen, lassen Sie sie anschließend 25 Minuten lang unter häufigem Rühren kochen und schöpfen sie dabei sämtlichen Schaum mit einem Schaumlöffel ab. Sobald die Masse in dicken, schweren Klecksen von einem leicht schräg gehaltenen Holzkochlöffel fällt, ohne dabei zu tropfen, können Sie mit der Gelierprobe beginnen.

Nehmen Sie dazu den Topf vom Herd, geben Sie eine kleine Menge der eingemachten Quitten auf einen der vorbereiteten Teller und stellen Sie diesen anschließend für 30 Sekunden ins Gefrierfach. Ist der Gelierpunkt erreicht, bildet sich auf der Oberfläche der Masse eine dünne Haut. Wenn Sie nun mit ihrer Fingerspitze durch den Klecks fahren, wird sich die Haut dabei in Falten legen. Schöpfen sie erneut sämtlichen Schaum ab.

Füllen Sie die eingemachten Quitten mit Hilfe eines Löffels sofort in saubere, warme Gläser und verschließen Sie diese sorgfältig. Stellen Sie die Gläser 2 Minuten lang auf den Kopf, drehen Sie sie anschließend wieder um und lassen Sie sie auskühlen. Beschriften und datieren Sie die Etiketten. Die Gläser können 6–12 Monate lang an einem kühlen, dunklen Ort gelagert werden. Nach dem Öffnen im Kühlschrank aufbewahren und innerhalb von 6 Wochen verbrauchen.

Hinweis: WÄHREND DES KOCHENS WECHSELN DIE QUITTEN IHRE FARBE VON IHREM NATÜRLICHEN GELBTON ZU EINEM WUNDERVOLLEN, INTENSIVEN ROT.

Zubereitungszeit 20 Minuten ✳ Kochzeit 1 Stunde 30 Minuten

Konfitüre aus getrockneten Aprikosen

ZUTATEN

500 g Aprikosen, getrocknet

1,5 kg Zucker, erwärmt

45 g Mandelblättchen

Geben Sie die getrockneten Aprikosen in eine große, nichtmetallische Schüssel, übergießen Sie sie mit 2 l Wasser und lassen Sie die Mischung über Nacht stehen. Stellen Sie zwei kleine Teller für spätere Testzwecke ins Gefrierfach (evtl. benötigen Sie den zweiten nicht). Gießen Sie die Aprikosen zusammen mit dem Einweichwasser in einen großen Topf und bringen Sie die Mischung anschließend zum Kochen. Reduzieren Sie danach die Hitze und lassen Sie die Früchte zugedeckt 45 Minuten lang köcheln, bis sie weich geworden sind. Fügen Sie den Zucker hinzu und rühren Sie alles auf kleiner Flamme ca. 5 Minuten lang, bis der Zucker gelöst ist. Bringen Sie die Masse erneut zum Kochen, lassen sie sie unter häufigem Rühren 20–25 Minuten kochen und schöpfen sie dabei sämtlichen Schaum ab. Achten Sie darauf, dass die Masse nicht anbrennt. Sobald die Konfitüre in dicken, schweren Klecksen von einem leicht schräg gehaltenen Holzkochlöffel fällt, ohne dabei zu tropfen, können Sie mit der Gelierprobe beginnen. Nehmen Sie dazu den Topf vom Herd, geben Sie etwas Konfitüre auf einen der vorbereiteten Teller und stellen Sie diesen anschließend für 30 Sekunden ins Gefrierfach. Ist der Gelierpunkt erreicht, bildet sich auf der Oberfläche der Masse eine dünne Haut. Wenn Sie nun mit ihrer Fingerspitze durch den Klecks fahren, wird sich die Haut dabei in Falten legen. Schöpfen sie erneut sämtlichen Schaum ab und rühren Sie die Mandelblättchen unter.

Füllen Sie die Aprikosenkonfitüre mit Hilfe eines Löffels sofort in saubere, warme Gläser und verschließen Sie diese sorgfältig. Stellen Sie die Gläser 2 Minuten lang auf den Kopf, drehen Sie sie anschließend wieder um und lassen Sie sie auskühlen. Beschriften und datieren Sie die Etiketten. Die Gläser können 6–12 Monate lang an einem kühlen, dunklen Ort gelagert werden. Nach dem Öffnen im Kühlschrank aufbewahren und innerhalb von 6 Wochen verbrauchen.

Zubereitungszeit 10 Minuten + Einweichen über Nacht ✳ Kochzeit 1 Stunde 10 Minuten

EIERKÜCHLEIN MIT KONFITÜRE

125 g mit 1 TL Backpulver gemischtes Mehl

1 EL extrafeiner Zucker

1 Prise Salz

185 ml Milch

1 Ei

Konfitüre zum Bestreichen

Sieben Sie das Mehl, den Zucker und eine Prise Salz in eine große Schüssel und formen Sie in der Mitte eine Vertiefung. Verquirlen Sie die Milch und das Ei in einem Krug und gießen Sie die Mischung dann langsam hinein. Verrühren Sie anschließend alle Zutaten zu einem glatten Teig.

Erwärmen Sie eine beschichtete Bratpfanne bei mittlerer Hitze und fetten Sie sie mit etwas flüssiger Butter oder Öl ein.

Geben Sie dann pro Küchlein 1 gestrichenen EL Teig in die Pfanne und braten Sie immer vier Küchlein auf einmal (nicht mehr, denn die Küchlein gehen während des Backens noch auf). Braten Sie jedes Küchlein etwa 30 Sekunden lang (der Teig sollte nach dieser Zeit kleine Blasen werfen und goldgelb aussehen) und braten Sie es anschließend auch auf der anderen Seite in etwa 30 Sekunden fertig. Legen Sie die Küchlein zum Auskühlen auf einen Teller oder ein Kuchengitter und verfahren Sie ebenso mit dem restlichen Teig. Servieren Sie die Küchlein mit Konfitüre bestrichen oder, falls gewünscht, mit Schlagsahne.

ZUBEREITUNGSZEIT 10 MINUTEN
KOCHZEIT 15 MINUTEN
ERGIBT ETWA 25 STÜCK

Tomaten-Passionsfrucht-Konfitüre

ZUTATEN

2 kg Tomaten

250 g Fruchtfleisch der Passionsfrucht (etwa 10 Passionsfrüchte)

60 ml Zitronensaft

2,5 kg Zucker, erwärmt

Stellen Sie zwei kleine Teller für spätere Testzwecke ins Gefrierfach (evtl. benötigen Sie den zweiten nicht). Schneiden Sie die Tomaten auf der Unterseite kreuzweise ein, legen Sie sie in eine große Schüssel und übergießen Sie sie mit kochendem Wasser. Lassen Sie sie etwa 30 Sekunden lang stehen, bis sich die Schale an den Schnittstellen etwas ablöst, und geben Sie sie anschließend in eine Schüssel mit eiskaltem Wasser. Schälen Sie die Tomaten und hacken Sie dann das Fruchtfleisch klein.

Geben Sie das Fruchtfleisch der Passionsfrucht zusammen mit dem Zitronensaft, den Tomatenstückchen und dem ausgetretenen Fruchtsaft in einen großen Topf. Bringen Sie die Mischung anschließend zum Kochen, reduzieren Sie danach die Hitze und lassen Sie die Mischung ungefähr 15 Minuten lang köcheln, bis sie dickflüssig geworden ist.

Fügen Sie den Zucker hinzu und rühren Sie alles auf kleiner Flamme so lange, bis der Zucker vollständig aufgelöst ist. Bringen Sie die Mischung dann erneut zum Kochen, lassen Sie sie unter häufigem Rühren 30–40 Minuten lang kochen und schöpfen Sie dabei sämtlichen Schaum mit einem Schaumlöffel ab. Sobald die Konfitüre in dicken schweren Klecksen von einem leicht schräg gehaltenen Holzkochlöffel fällt, ohne dabei zu tropfen, können Sie mit der Gelierprobe beginnen.

Nehmen Sie dazu den Topf vom Herd, geben Sie etwas Konfitüre auf einen der vorbereiteten Teller und stellen Sie diesen anschließend für 30 Sekunden ins Gefrierfach. Ist der Gelierpunkt erreicht, bildet sich auf der Oberfläche der Konfitüre eine dünne Haut. Wenn Sie nun mit ihrer Fingerspitze durch den Klecks fahren, wird sich die Haut dabei in Falten legen. Schöpfen Sie erneut sämtlichen Schaum ab.

Füllen Sie die Konfitüre mit Hilfe eines Löffels sofort in saubere, warme Gläser und verschließen Sie diese sorgfältig. Stellen Sie die Gläser 2 Minuten lang auf den Kopf, drehen Sie sie anschließend wieder um und lassen Sie sie auskühlen. Beschriften und datieren Sie die Etiketten. An einem kühlen, dunklen Ort können die Gläser 6–12 Monate lang gelagert werden. Angefangene Gläser sollten Sie im Kühlschrank aufbewahren und innerhalb von 6 Wochen verbrauchen.

Zubereitungszeit 25 Minuten ✦ Kochzeit 1 Stunde

Feigen-Orangen-Konfitüre

ZUTATEN

1,5 kg frische Feigen, klein geschnitten

2 EL süßer Sherry

185 ml Orangensaft

60 ml Zitronensaft

1 kg Zucker, erwärmt

Stellen Sie zwei kleine Teller für spätere Testzwecke ins Gefrierfach (evtl. benötigen Sie den zweiten nicht). Geben Sie die Feigen zusammen mit dem Sherry, dem Orangensaft und dem Zitronensaft in einen großen Topf. Lassen Sie die Mischung aufkochen, reduzieren Sie danach die Hitze und lassen Sie die Feigen anschließend etwa 20 Minuten lang köcheln, bis sie weich geworden sind.

Fügen Sie den Zucker hinzu und rühren Sie dann alles auf kleiner Flamme so lange, bis der Zucker vollständig aufgelöst ist. Bringen Sie die Mischung anschließend erneut zum Kochen, lassen Sie sie unter häufigem Rühren 20–25 Minuten kochen und schöpfen Sie dabei sämtlichen Schaum mit einem Schaumlöffel ab. Sobald die Konfitüre in dicken schweren Klecksen von einem leicht schräg gehaltenen Holzkochlöffel fällt, ohne dabei zu tropfen, können Sie mit der Gelierprobe beginnen.

Nehmen Sie dazu den Topf vom Herd, geben Sie etwas Konfitüre auf einen der vorbereiteten Teller und stellen Sie diesen anschließend für 30 Sekunden ins Gefrierfach. Ist der Gelierpunkt erreicht, bildet sich auf der Oberfläche der Konfitüre eine dünne Haut. Wenn Sie nun mit ihrer Fingerspitze durch den Kleck fahren, wird sich die Haut dabei in Falten legen. Schöpfen Sie erneut sämtlichen Schaum ab.

Füllen Sie die Konfitüre mit Hilfe eines Löffels sofort in saubere, warme Gläser und verschließen Sie diese sorgfältig. Stellen Sie die Gläser 2 Minuten lang auf den Kopf, drehen Sie sie anschließend wieder um und lassen Sie sie auskühlen. Beschriften und datieren Sie die Etiketten. An einem kühlen, dunklen Ort können die Gläser 6–12 Monate lang gelagert werden. Angefangene Gläser sollten Sie im Kühlschrank aufbewahren und innerhalb von 6 Wochen verbrauchen.

Hinweis: FÜR DIESES REZEPT KÖNNEN SIE SOWOHL VIOLETTE ALS AUCH GRÜNE FEIGEN VERWENDEN.

Zubereitungszeit 20 Minuten ✦ Kochzeit 50 Minuten

MARMELADEN UND GELEES

Rotes Johannisbeergelee

ZUTATEN

600 g rote Johannisbeeren
600 g extrafeiner Zucker, erwärmt

Stellen Sie zwei kleine Teller für spätere Testzwecke ins Gefrierfach (evtl. benötigen Sie den zweiten nicht). Geben Sie die Beeren mitsamt den Stielen in einen großen Topf, fügen Sie den Zucker hinzu und zerdrücken Sie die Beeren vorsichtig, bis der Saft herausläuft. Rühren Sie die Mischung anschließend auf kleiner Flamme, bis der Zucker vollständig gelöst ist.

Erhöhen Sie die Temperatur und lassen Sie das Ganze unter häufigem Rühren ca. 5 Minuten lang sprudelnd kochen. Nehmen Sie anschließend den Topf vom Herd, geben Sie etwas Johannisbeergelee auf einen der vorbereiteten Teller und stellen Sie diesen für 30 Sekunden ins Gefrierfach. Ist der Gelierpunkt erreicht, bildet sich auf der Oberfläche des Gelees eine dünne Haut. Wenn Sie nun mit ihrer Fingerspitze durch den Klecks fahren, wird sich die Haut dabei in Falten legen. Schöpfen Sie sämtlichen Schaum ab, drücken Sie die Mischung durch ein feines Sieb und fangen Sie die Flüssigkeit in einem hitzebeständigen Krug auf.

Füllen Sie das Gelee aus dem Krug sofort in saubere, warme Gläser und verschließen Sie diese sorgfältig. Stellen Sie die Gläser 2 Minuten lang auf den Kopf, drehen Sie sie anschließend wieder um und lassen Sie sie auskühlen. Beschriften und datieren Sie die Etiketten. An einem kühlen, dunklen Ort können die Gläser 6–12 Monate lang gelagert werden. Angefangene Gläser sollten Sie im Kühlschrank aufbewahren und innerhalb von 6 Wochen verbrauchen.

Hinweis: WENN SIE SÜSSE OBSTTORTEN MIT EINEM GLÄNZENDEN GUSS BZW. EINEM GEKONNTEN FINISH VERZIEREN MÖCHTEN, DANN ERHITZEN SIE EINFACH EINE KLEINE PORTION JOHANNISBEERGELEE ZUSAMMEN MIT ETWAS WASSER UND STREICHEN SIE DIESE MISCHUNG DANN GLEICHMÄSSIG AUF DEN KUCHEN. NATÜRLICH KÖNNEN SIE AUCH HERZHAFTE SOSSEN UND BRATENSOSSEN MIT EINEM LÖFFEL JOHANNISBEERGELEE VERFEINERN.

Zubereitungszeit 20 Minuten ✦ Kochzeit 20 Minuten

Truthahn *mit rotem Johannisbeergelee*

Dieser hübsch hergerichtete gebratene Truthahn ist genau das Richtige für festliche Anlässe. Die Mühen der Vorbereitung lohnen sich allemal, denn man wird Sie für dieses köstliche Rezept garantiert mit Lob überschütten.

ZUTATEN

3 kg Truthahn

300 g weiche Butter

1 Zwiebel, grob gehackt

4 Salbeiblätter

1 Rosmarinzweig

½ Selleriestange, in 2 oder 3 Stücke geschnitten

1 Möhre, in 3 oder 4 Stücke geschnitten

250 ml trockener Weißwein

125 ml trockener Marsala

250 ml Hühnerbrühe

rotes Johannisbeergelee
(Rezept auf der vorigen Seite)

FÜR DIE FÜLLUNG

100 g gewürfelter Kochschinken

220 g Schweinehack

220 g Hühnerhack

1 Ei

90 ml Crème fraîche

175 g Maronenpüree

½ TL frischer Salbei, klein geschnitten

1 Prise Cayennepfeffer

Heizen Sie den Backofen auf 170 °C/Gas Stufe 3 vor, vermischen Sie alle Zutaten für die Füllung und würzen Sie die Masse kräftig mit Meersalz und frisch gemahlenem, schwarzen Pfeffer. Füllen Sie den Truthahn und binden Sie die Öffnung mit Küchengarn zu. Reiben Sie die Haut mit 100 g der weichen Butter ein, geben Sie die Zwiebelstücke in die Mitte einer Bratenform und legen Sie den Truthahn darauf. Geben Sie 100 g weiche Butter mit dem Salbei, dem Rosmarin, dem Sellerie und der Möhre in die Bratenform. Gießen Sie anschließend den Wein und den Marsala darüber.

Lassen Sie den Truthahn etwa 2 ½–3 Stunden im Ofen braten und übergießen Sie ihn dabei mehrmals mit dem austretenden Fleischsaft. Heben Sie den Truthahn anschließend auf einen vorgewärmten Teller, legen Sie Aluminiumfolie darüber und lassen Sie ihn an einem warmen Ort etwa 30 Minuten ruhen. Geben Sie das Gemüse aus der Bratenform in einen Mixer, bis Sie eine einheitliche, glatte Masse erhalten. Kratzen Sie dann den Boden der Bratenform mit einem Messer aus und geben Sie die abgeschabten Bratenreste zusammen mit dem Fleischsaft zu dem Gemüse in den Mixer. Gießen Sie die Masse in einen Topf. Geben Sie die restliche Butter und die Brühe dazu, würzen Sie die Masse kräftig und lassen Sie sie anschließend kochen, bis sie merklich eingedickt ist.

Servieren Sie den Truthahn mit der Füllung, der Bratensoße und dem roten Johannisbeergelee.

Zubereitungszeit etwa 40 Minuten ✳ Kochzeit 2 ½–3 Stunden + 30 Minuten Ruhezeit ✳ für 8 Personen

Quittengelee

ZUTATEN

2 kg reife, gelbe Quitten

60 ml Zitronensaft

750 g extrafeiner Zucker

Reiben Sie die Quitten mit einem Tuch ab und schneiden Sie sie dann mitsamt der Schale und den Kernen in 5 cm große Stücke. Geben Sie diese zusammen mit 2 l Wasser in einen großen Topf und bringen Sie die Mischung vorsichtig zum Kochen. Reduzieren Sie danach die Hitze und lassen Sie die Früchte zugedeckt etwa 1 Stunde lang köcheln, bis sie weich geworden sind. Etwas festere Quittenstücke können Sie mit einem Kartoffelstampfer zerdrücken.

Legen Sie ein Passiertuch in eine Schüssel, begießen Sie es mit kochendem Wasser und wringen Sie es gründlich aus. Legen Sie das Passiertuch anschließend über eine große, hitzebeständige Schüssel.

Geben Sie die Quittenmasse auf das Tuch und vermeiden Sie, die Früchte durch das Tuch zu drücken, denn dadurch würde das Gelee später trüb werden. Decken Sie das Passiertuch locker mit einem sauberen Geschirrtuch ab. Es darf die Fruchtmasse nicht berühren. Lassen Sie die Mischung über Nacht durch das Passiertuch tropfen. Es darf danach keine Flüssigkeit mehr durch den Stoff sickern.

Stellen Sie zwei kleine Teller für spätere Testzwecke ins Gefrierfach (evtl. benötigen Sie den zweiten nicht). Werfen Sie das Fruchtfleisch weg und messen Sie den aufgefangenen Saft ab. Gießen Sie den Saft in einen großen Topf und rühren Sie den Zitronensaft unter. Fügen sie nun pro 250 ml Saft 250 g warmen Zucker hinzu und rühren Sie alles bei geringer Hitze etwa 5 Minuten lang, bis der Zucker vollständig gelöst ist. Kochen Sie die Mischung anschließend auf, lassen Sie sie unter häufigem Rühren 20–25 Minuten lang sprudelnd kochen und schöpfen Sie dabei sämtlichen Schaum mit einem Schaumlöffel ab. Beginnen Sie danach mit der Gelierprobe.

Nehmen Sie dazu den Topf vom Herd, geben Sie etwas Gelee auf einen der vorbereiteten Teller und stellen Sie diesen dann für 30 Sekunden ins Gefrierfach. Ist der Gelierpunkt erreicht, bildet sich auf der Oberfläche des Gelees eine dünne Haut. Wenn Sie nun mit ihrer Fingerspitze durch den Klecks fahren, wird sich die Haut dabei in Falten legen. Schöpfen Sie erneut sämtlichen Schaum ab.

Füllen Sie das Gelee sofort in saubere, warme Gläser und verschließen Sie diese sorgfältig. Stellen Sie die Gläser 2 Minuten lang auf den Kopf, drehen Sie sie anschließend wieder um und lassen Sie sie auskühlen. Beschriften und datieren Sie die Etiketten. An einem kühlen, dunklen Ort können die Gläser 6–12 Monate lang gelagert werden. Angefangene Gläser sollten Sie im Kühlschrank aufbewahren und innerhalb von 6 Wochen verbrauchen.

Zubereitungszeit 20 Minuten + Abtropfen über Nacht ✳ Kochzeit 1 Stunde 30 Minuten

Dreifruchtmarmelade

ZUTATEN

1 Grapefruit

2 Orangen

2 Zitronen

3 kg Zucker, erwärmt

Schrubben Sie die Früchte unter fließend warmem Wasser mit einer weichen Bürste gründlich ab, um die Schalen von der Wachsschicht zu befreien. Vierteln Sie die Grapefruit, halbieren Sie die Orangen und Zitronen und schneiden Sie das Fruchtfleisch in dünne Scheiben. Geben Sie die Scheiben in eine große, nichtmetallische Schüssel, entfernen Sie die Kerne aus dem Fruchtfleisch und legen Sie diese dann auf ein Stück Musselintuch. Binden Sie das Tuch mit Hilfe einer Schnur zu einem Beutel zusammen und geben Sie den Beutel zusammen mit 2,5 l Wasser zu den Zitrusscheiben in die Schüssel. Decken Sie die Mischung ab und lassen Sie sie über Nacht stehen.

Stellen Sie zwei kleine Teller für spätere Testzwecke ins Gefrierfach (evtl. benötigen Sie den zweiten nicht). Geben Sie die Früchte mit dem Wasser in einen großen Topf und bringen Sie die Mischung zum Kochen. Reduzieren Sie die Hitze und lassen Sie die Früchte zugedeckt etwa 1 Stunde lang köcheln, bis sie weich geworden sind.

Fügen Sie den Zucker hinzu und rühren Sie alles auf kleiner Flamme etwa 5 Minuten lang, bis der Zucker vollständig aufgelöst ist. Bringen Sie die Mischung dann erneut zum Kochen, lassen Sie sie unter häufigem Rühren 50–60 Minuten lang sprudelnd kochen und schöpfen Sie dabei sämtlichen Schaum mit einem Schaumlöffel ab. Sobald die Marmelade in dicken, schweren Klecksen von einem leicht schräg gehaltenen Holzkochlöffel fällt, ohne dabei zu tropfen, können Sie mit der Gelierprobe beginnen.

Nehmen Sie dazu den Topf vom Herd, geben Sie etwas Marmelade auf einen der vorbereiteten Teller und stellen Sie diesen anschließend für 30 Sekunden ins Gefrierfach. Ist der Gelierpunkt erreicht, bildet sich auf der Oberfläche der Marmelade eine dünne Haut. Wenn Sie nun mit ihrer Fingerspitze durch den Klecks fahren, wird sich die Haut dabei in Falten legen. Entfernen Sie den Musselinbeutel und schöpfen Sie erneut sämtlichen Schaum ab.

Füllen Sie die Marmelade mit Hilfe eines Löffels sofort in saubere, warme Gläser und verschließen Sie diese sorgfältig. Stellen Sie die Gläser für 2 Minuten auf den Kopf, drehen Sie sie anschließend wieder um und lassen Sie sie auskühlen. Beschriften und datieren Sie die Etiketten. Die Gläser können 6–12 Monate lang an einem kühlen, dunklen Ort gelagert werden. Nach dem Öffnen im Kühlschrank aufbewahren und innerhalb von 6 Wochen verbrauchen.

Zubereitungszeit 30 Minuten + Einweichen über Nacht ✶ Kochzeit 2 Stunden 5 Minuten

Sevilla-Orangen-marmelade

ZUTATEN
4 Sevilla-Orangen (etwa 1,25 kg)
2–2,25 kg Zucker, erwärmt

Schrubben Sie die Orangen unter fließend warmem Wasser mit einer weichen Bürste gründlich ab, sodass die Wachsschicht entfernt wird. Vierteln Sie die Orangen, schneiden Sie sie in dünne Spalten und entfernen Sie dabei die Kerne. Legen Sie diese auf ein Stück Musselintuch, binden Sie das Tuch mit einer Schnur zu einem Beutel zusammen und geben Sie den Beutel mit den Orangenscheiben in eine große, nichtmetallische Schüssel. Übergießen Sie die Früchte und die Kerne mit 2 l Wasser und lassen Sie die Mischung über Nacht stehen.

Stellen Sie zwei kleine Teller für spätere Testzwecke ins Gefrierfach (evtl. benötigen sie den zweiten nicht). Geben sie die Orangen und den Musselinbeutel in einen großen Topf und bringen Sie die Mischung zum Kochen. Reduzieren Sie die Hitze und lassen Sie die Früchte zugedeckt etwa 45 Minuten lang köcheln, bis sie weich geworden sind.

Wiegen Sie die Fruchtmasse ab und fügen sie dann pro 250 ml Frucht 250 g warmen Zucker hinzu. Rühren Sie alles auf kleiner Flamme etwa 5 Minuten lang, bis der Zucker vollständig gelöst ist, und bringen Sie die Mischung dann erneut zum Kochen. Lassen Sie sie unter häufigem Rühren 30–40 Minuten lang sprudelnd kochen und schöpfen Sie dabei sämtlichen Schaum ab. Sobald die Marmelade in dicken, schweren Klecksen von einem leicht schräg gehaltenen Holzkochlöffel fällt, ohne dabei zu tropfen, können Sie mit der Gelierprobe beginnen. Nehmen Sie dazu den Topf vom Herd, geben Sie etwas Marmelade auf einen der vorbereiteten Teller und stellen Sie diesen anschließend für 30 Sekunden ins Gefrierfach. Ist der Gelierpunkt erreicht, bildet sich auf der Oberfläche der Marmelade eine dünne Haut. Wenn Sie nun mit ihrer Fingerspitze durch den Klecks fahren, wird sich die Haut dabei in Falten legen. Entfernen Sie den Musselinbeutel und schöpfen Sie erneut sämtlichen Schaum ab.

Füllen Sie die Marmelade mit Hilfe eines Löffels sofort in saubere, warme Gläser und verschließen Sie diese sorgfältig. Stellen Sie die Gläser für 2 Minuten auf den Kopf, drehen Sie sie anschließend wieder um und lassen Sie sie auskühlen. Beschriften und datieren Sie die Etiketten. Die Gläser können 6–12 Monate lang an einem kühlen, dunklen Ort gelagert werden. Nach dem Öffnen im Kühlschrank aufbewahren und innerhalb von 6 Wochen verbrauchen.

Zubereitungszeit 30 Minuten + Einweichen über Nacht * Kochzeit 1 Stunde 30 Minuten

Traubengelee

ZUTATEN

2 kg blaue, kernlose Trauben

80 ml Zitronensaft (die Kerne aufheben)

560 g Zucker, erwärmt

Zupfen Sie die Stiele von den Früchten und geben Sie die Trauben zusammen mit 250 ml Wasser in einen großen Topf. Legen Sie die Zitronenkerne auf ein Stück Musselintuch und binden Sie dieses mit einer Schnur zu einem Beutel zusammen. Geben Sie den Beutel zu den Trauben und bringen Sie die Mischung vorsichtig zum Kochen. Reduzieren Sie die Hitze und lassen Sie die Früchte 30–35 Minuten lang köcheln, bis sie weich geworden sind. Entfernen Sie den Musselinbeutel.

Legen Sie ein Passiertuch in eine Schüssel, begießen Sie es mit kochendem Wasser und wringen Sie es gründlich aus. Legen Sie das Passiertuch anschließend über eine große, hitzebeständige Schüssel. Geben Sie die Traubenmasse auf das Tuch und vermeiden Sie, die Früchte durch das Tuch zu drücken, denn dadurch würde das Gelee später trüb werden. Decken Sie das Passiertuch locker mit einem sauberen Geschirrtuch ab. Es darf die Fruchtmasse nicht berühren. Lassen Sie die Mischung über Nacht durch das Passiertuch tropfen. Es darf danach keine Flüssigkeit mehr durch den Stoff sickern.

Werfen Sie das Fruchtfleisch weg und wiegen Sie den Saft ab. Gießen Sie diesen anschließend in einen Topf aus rostfreiem Edelstahl oder in einen emaillierten Topf und rühren Sie den Zitronensaft unter. Fügen Sie nun pro 250 ml Saft 185 g Zucker hinzu und rühren Sie alles auf kleiner Flamme etwa 5 Minuten lang, bis der Zucker vollständig gelöst ist. Bringen Sie die Mischung anschließend erneut zum Kochen, lassen Sie sie unter häufigem Rühren 20–25 Minuten lang sprudelnd kochen und schöpfen sie dabei samtlichen Schaum mit einem Schaumlöffel ab.

Gießen Sie das Gelee in einen hitzebeständigen Krug, füllen Sie es aus dem Krug sofort in saubere, warme Gläser und verschließen Sie diese sorgfältig. Stellen Sie die Gläser dann 2 Minuten lang auf den Kopf, drehen Sie sie anschließend wieder um und lassen Sie sie auskühlen. Beschriften und datieren Sie die Etiketten. Die Gläser können 6–12 Monate lang an einem kühlen, dunklen Ort gelagert werden. Nach dem Öffnen im Kühlschrank aufbewahren und innerhalb von 6 Wochen verbrauchen.

Zubereitungszeit 15 Minuten + Abtropfen über Nacht ✳ Kochzeit 1 Stunde 5 Minuten

Kumquat-marmelade

ZUTATEN

1 kg Kumquats

60 ml Zitronensaft

1,25 kg Zucker, erwärmt

Schrubben Sie die Kumquats zunächst unter fließend warmem Wasser mit einer weichen Bürste ab, um die Wachsschicht zu entfernen. Entfernen Sie dann die Stiele, halbieren Sie die Früchte der Länge nach und schneiden Sie sie in dünne Scheiben. Entfernen Sie die Kerne und legen Sie diese auf ein Stück Musselintuch. Binden Sie das Tuch zu einem Beutel zusammen und geben Sie den Beutel zusammen mit den Früchten in eine nichtmetallische Schüssel. Übergießen Sie die Mischung mit 1,25 l Wasser, decken Sie sie mit Frischhaltefolie ab und lassen Sie sie über Nacht stehen.

Stellen Sie zwei kleine Teller für spätere Testzwecke ins Gefrierfach (evtl. benötigen Sie den zweiten nicht). Geben Sie die Kumquats und den Musselinbeutel in einen großen Topf und fügen Sie den Zitronensaft hinzu. Bringen Sie die Mischung anschließend vorsichtig zum Kochen, reduzieren Sie danach die Hitze und lassen Sie die Früchte zugedeckt etwa 30 Minuten lang köcheln, bis sie weich geworden sind.

Geben Sie den Zucker dazu und rühren Sie alles auf kleiner Flamme ca. 5 Minuten lang, bis der Zucker vollständig gelöst ist. Bringen Sie die Mischung erneut zum Kochen, lassen Sie sie unter Rühren etwa 20 Minuten lang sprudelnd kochen und schöpfen sie dabei sämtlichen Schaum ab. Sobald die Marmelade in dicken, schweren Klecksen von einem leicht schräg gehaltenen Holzkochlöffel fällt, ohne dabei zu tropfen, können Sie mit der Gelierprobe beginnen.

Nehmen Sie dazu den Topf vom Herd, geben Sie etwas Marmelade auf einen der vorbereiteten Teller und stellen Sie diesen anschließend für 30 Sekunden ins Gefrierfach. Ist der Gelierpunkt erreicht, bildet sich auf der Oberfläche der Marmelade eine dünne Haut. Wenn Sie nun mit ihrer Fingerspitze durch den Klecks fahren, wird sich die Haut dabei in Falten legen. Entfernen Sie den Musselinbeutel und schöpfen Sie erneut sämtlichen Schaum ab.

Füllen Sie die Marmelade mit Hilfe eines Löffels sofort in saubere, warme Gläser und verschließen Sie diese sorgfältig. Stellen Sie die Gläser für 2 Minuten auf den Kopf, drehen Sie sie anschließend wieder um und lassen Sie sie auskühlen. Beschriften und datieren Sie die Etiketten. Die Gläser können 6–12 Monate lang an einem kühlen, dunklen Ort gelagert werden. Nach dem Öffnen im Kühlschrank aufbewahren und innerhalb von 6 Wochen verbrauchen.

Zubereitungszeit 20 Minuten + Einweichen über Nacht ✻ Kochzeit 1 Stunde

Granatapfelgelee

ZUTATEN

2–2,5 kg Granatäpfel (etwa 8 Stück)
3 grüne Äpfel
ca. 500 g extrafeiner Zucker
60 ml Zitronensaft

Halbieren Sie die Granatäpfel und pressen Sie die Hälften aus (mindestens ½ l Saft). Schneiden Sie die Äpfel mitsamt der Schale und den Kernen klein und bringen Sie sie mit dem Granatapfelsaft und 250 ml Wasser zum Kochen. Reduzieren Sie dann die Hitze und lassen Sie die Früchte ca. 20 Minuten lang köcheln, bis sie weich geworden sind.

Begießen Sie ein Passiertuch mit kochendem Wasser und wringen Sie es gründlich aus. Legen Sie das Passiertuch anschließend über eine große, hitzebeständige Schüssel. Geben Sie die Früchte und den Saft auf das Tuch und vermeiden Sie, die Früchte durch das Tuch zu drücken, denn dadurch würde das Gelee später trüb werden. Decken Sie das Passiertuch locker mit einem sauberen Geschirrtuch ab. Es darf die Fruchtmasse nicht berühren. Lassen Sie die Mischung über Nacht durch das Passiertuch tropfen. Stellen Sie nun zwei kleine Teller für spätere Testzwecke ins Gefrierfach (evtl. benötigen sie den zweiten nicht). Werfen Sie das Fruchtfleisch weg, wiegen Sie die Flüssigkeit ab und gießen Sie diese in einen großen Topf. Geben Sie dann pro 250 ml Saft 250 g Zucker hinzu und rühren Sie die Mischung bei mittlerer Hitze vorsichtig, bis der Zucker vollständig gelöst ist. Geben Sie anschließend den Zitronensaft dazu und bringen Sie die Mischung erneut zum Kochen. Lassen Sie sie unter häufigem Rühren 15–20 Minuten lang sprudelnd kochen und schöpfen Sie dabei sämtlichen Schaum ab.

Beginnen Sie danach mit der Gelierprobe. Nehmen Sie den Topf vom Herd, geben Sie etwas Gelee auf einen der vorbereiteten Teller und stellen Sie diesen anschließend für 30 Sekunden ins Gefrierfach. Ist der Gelierpunkt erreicht, bildet sich auf der Oberfläche des Gelees eine dünne Haut. Wenn Sie nun mit ihrer Fingerspitze durch den Klecks fahren, wird sich die Haut dabei in Falten legen. Schöpfen Sie erneut sämtlichen Schaum ab. Gießen Sie das Gelee vorsichtig in einen hitzebeständigen Krug. Halten Sie die Gläser zum Schutz vor Hitze mit einem Geschirrtuch fest, neigen Sie sie etwas zur Seite und lassen Sie das Gelee dann aus dem Krug direkt in die Gläser laufen. So vermeiden Sie Luftblasen. Verschließen Sie die Gläser, solange sie noch heiß sind, und drehen Sie sie anschließend für 2 Minuten auf den Kopf, bevor Sie sie wieder umdrehen und auskühlen lassen. Die Gläser können 6–12 Monate lang an einem kühlen, dunklen Ort gelagert werden. Nach dem Öffnen im Kühlschrank aufbewahren und innerhalb von 6 Wochen verbrauchen.

Zubereitungszeit 15 Minuten + Einweichen über Nacht ✦ Kochzeit 50 Minuten

Cointreau-Orangen-Marmelade

ZUTATEN
1 kg Orangen
2 kg Zucker, erwärmt
80 ml Cointreau (oder ein anderer Orangenlikör)

Schrubben Sie die Orangen mit einer weichen Bürste unter fließend warmem Wasser gründlich ab, um die Wachsschicht zu entfernen. Halbieren Sie die Orangen und schneiden Sie sie anschließend in dünne Scheiben. Heben Sie die Kerne auf, legen Sie diese auf ein Stück Musselintuch und binden Sie das Tuch dann mit einer Schnur zu einem Beutel zusammen. Geben Sie den Beutel mit den Orangenscheiben in eine große, nichtmetallische Schüssel, übergießen Sie alles mit 2 l Wasser und lassen Sie die Mischung über Nacht stehen.

Stellen Sie zwei kleine Teller für spätere Testzwecke ins Gefrierfach (evtl. benötigen Sie den zweiten nicht). Geben Sie die Früchte, den Musselinbeutel und das Wasser in einen großen Topf und bringen Sie die Mischung vorsichtig zum Kochen. Reduzieren Sie danach die Hitze und lassen Sie die Früchte zugedeckt 1 Stunde lang köcheln, bis sie weich geworden sind. Die Mischung sollte bis dahin etwa zu einem Drittel eingekocht sein.

Wiegen Sie die Früchte ab und fügen Sie pro 250 g Fruchtmasse 250 g warmen Zucker hinzu. Rühren Sie die Masse auf kleiner Flamme etwa 5 Minuten lang, bis der Zucker vollständig gelöst ist, und bringen Sie sie dann erneut zum Kochen. Lassen Sie sie unter häufigem Rühren 30–40 Minuten lang sprudelnd kochen und schöpfen Sie dabei sämtlichen Schaum ab. Sobald die Marmelade in dicken, schweren Klecksen von einem leicht schräg gehaltenen Holzkochlöffel fällt, ohne dabei zu tropfen, können Sie mit der Gelierprobe beginnen.

Nehmen Sie dazu den Topf vom Herd, geben Sie etwas Marmelade auf einen der vorbereiteten Teller und stellen Sie diesen anschließend für 30 Sekunden ins Gefrierfach. Ist der Gelierpunkt erreicht, bildet sich auf der Oberfläche der Marmelade eine dünne Haut. Wenn Sie nun mit ihrer Fingerspitze durch den Klecks fahren, wird sich die Haut dabei in Falten legen. Entfernen Sie den Musselinbeutel, schöpfen Sie erneut sämtlichen Schaum ab und rühren Sie den Cointreau unter.

Füllen Sie die Marmelade mit Hilfe eines Löffels sofort in saubere, warme Gläser und verschließen Sie diese sorgfältig. Stellen Sie die Gläser für 2 Minuten auf den Kopf, drehen Sie sie anschließend wieder um und lassen Sie sie auskühlen. Beschriften und datieren Sie die Etiketten. Die Gläser können 6–12 Monate lang an einem kühlen, dunklen Ort gelagert werden. Nach dem Öffnen im Kühlschrank aufbewahren und innerhalb von 6 Wochen verbrauchen.

Zubereitungszeit 25 Minuten + Einweichen über Nacht ✳ Kochzeit 2 Stunden

ERFRISCHENDE LIMETTEN

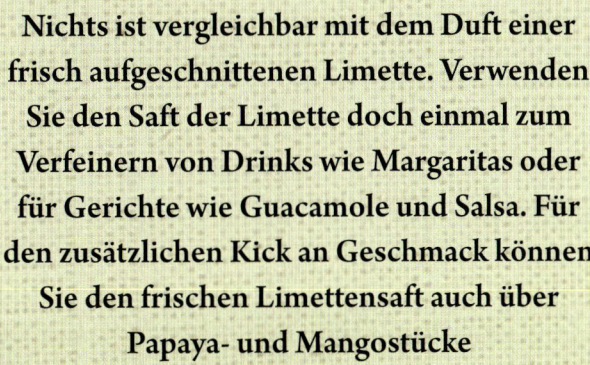

Nichts ist vergleichbar mit dem Duft einer frisch aufgeschnittenen Limette. Verwenden Sie den Saft der Limette doch einmal zum Verfeinern von Drinks wie Margaritas oder für Gerichte wie Guacamole und Salsa. Für den zusätzlichen Kick an Geschmack können Sie den frischen Limettensaft auch über Papaya- und Mangostücke träufeln.

Limettenmarmelade

ZUTATEN
1 kg Limetten
2,25 kg Zucker, erwärmt

Schrubben Sie die Limetten unter fließend warmem Wasser mit einer weichen Bürste gründlich ab, um die Wachsschicht zu entfernen. Halbieren Sie die Limetten, schneiden Sie das Fruchtfleisch in dünne Scheiben (heben Sie dabei die Kerne auf!) und geben Sie es zusammen mit 2 l Wasser in eine große, nichtmetallische Schüssel. Geben Sie nun die Kerne auf ein Stück Musselintuch, binden Sie das Tuch mit einer Schnur zu einem Beutel zusammen und geben Sie den Beutel zu den Limetten in die Schüssel. Lassen Sie die Mischung über Nacht stehen.

Stellen Sie zwei kleine Teller für spätere Testzwecke ins Gefrierfach (evtl. benötigen Sie den zweiten nicht). Geben Sie die Früchte zusammen mit dem Wasser in einen großen Topf, bringen Sie die Mischung vorsichtig zum Kochen und reduzieren Sie danach die Hitze. Lassen Sie das Ganze zugedeckt etwa 45 Minuten lang köcheln, bis die Früchte weich geworden sind, und fügen Sie dann den Zucker hinzu. Rühren Sie die Mischung auf kleiner Flamme ca. 5 Minuten lang, bis der Zucker vollständig gelöst ist, und bringen Sie sie anschließend erneut zum Kochen. Lassen Sie sie unter häufigem Rühren 20 Minuten lang sprudelnd kochen und schöpfen Sie dabei sämtlichen Schaum ab. Sobald die Marmelade in dicken, schweren Klecksen von einem leicht schräg gehaltenen Holzkochlöffel fällt, ohne dabei zu tropfen, können Sie mit der Gelierprobe beginnen.

Nehmen Sie dazu den Topf vom Herd, geben Sie etwas Marmelade auf einen der vorbereiteten Teller und stellen Sie diesen anschließend für 30 Sekunden ins Gefrierfach. Ist der Gelierpunkt erreicht, bildet sich auf der Oberfläche der Marmelade eine dünne Haut. Wenn Sie nun mit ihrer Fingerspitze durch den Klecks fahren, wird sich die Haut dabei in Falten legen. Entfernen Sie den Musselinbeutel und schöpfen Sie erneut sämtlichen Schaum ab.

Füllen Sie die Marmelade sofort in saubere, warme Gläser und verschließen Sie diese sorgfältig. Stellen Sie die Gläser für 2 Minuten auf den Kopf, drehen Sie sie anschließend wieder um und lassen Sie sie auskühlen. Beschriften und datieren Sie die Etiketten. Die Gläser können 6–12 Monate lang an einem kühlen, dunklen Ort gelagert werden. Nach dem Öffnen im Kühlschrank aufbewahren und innerhalb von 6 Wochen verbrauchen.

Zubereitungszeit 20 Minuten + Einweichen über Nacht ＊ Kochzeit 1 Stunde 10 Minuten

Hähnchen *in scharfer Limettenmarmeladensoße*

In der Pfanne Gebratenes ist genau das Richtige für einen vielbeschäftigten Koch. In diesem Fall verleiht die Zugabe der erfrischenden Limettenmarmelade dem milden Hähnchenfleisch einen besonders interessanten Geschmack.

ZUTATEN

500 g Hähnchenkeulenfilet, in Streifen geschnitten

5 cm frische Ingwerwurzel, in hauchdünne Scheiben geschnitten

4 Frühlingszwiebeln, in Röllchen geschnitten

Öl zum Braten

1 rote Paprika, in dünne Scheiben geschnitten

1 EL Mirin (süßer japanischer Kochwein)

1 EL Limettenmarmelade
   (Rezept auf der vorigen Seite)

2 TL Limettenschale, gerieben

2 EL Limettensaft

Geben Sie das Hähnchenfleisch zusammen mit dem Ingwer, den Frühlingszwiebeln und etwas geriebenem schwarzen Pfeffer in eine Schüssel und vermischen Sie alle Zutaten sorgfältig.

Stellen Sie den Wok auf den Herd und lassen Sie ihn ordentlich heiß werden. Geben Sie dann 1 EL Öl hinein und schwenken Sie ihn damit aus. Braten Sie die Hähnchen-Gemüse-Mischung anschließend portionsweise in dem heißen Wok an, und zwar jeweils so lange, bis das Fleisch von goldgelber Farbe und durch und durch gar ist. Dies dürfte pro Durchgang etwa 3 Minuten dauern. Heizen Sie den Wok zwischen den einzelnen Durchgängen immer wieder auf und fügen Sie, falls nötig, etwas Öl hinzu. Nehmen Sie anschließend das Hähnchenfleisch aus dem Wok und stellen Sie es beiseite.

Erhitzen Sie den Wok erneut, geben Sie die klein geschnittene Paprika hinein und braten Sie diese 30 Sekunden lang an. Fügen sie dann den Mirin, die Marmelade, die Limettenschale und den Limettensaft hinzu und würzen Sie alles mit Salz und frisch gemahlenem schwarzen Pfeffer. Decken Sie den Wok mit einem Deckel ab und lassen Sie die Mischung etwa 1 Minute lang köcheln. Geben Sie anschließend das Fleisch dazu und lassen Sie die Mischung nochmals 2 Minuten köcheln. Das Gericht sollte danach durch und durch gar sein.

Hinweis: WÄHLEN SIE FÜR DIESES REZEPT BEVORZUGT JUNGEN INGWER MIT DÜNNER SCHALE, DENN DER IST ZART UND LÄSST SICH LEICHT SCHNEIDEN.

Zubereitungszeit 25 Minuten * Kochzeit 20 Minuten * ergibt 4 Portionen

Grapefruitmarmelade

ZUTATEN

1,25 kg Grapefruit (etwa 3–4 Stück)
2 Zitronen
2,5 kg Zucker, erwärmt

Schrubben Sie die Früchte unter fließend warmem Wasser mit einer weichen Bürste gründlich ab, um die Wachsschicht zu entfernen. Schälen Sie die Früchte dünn ab und achten Sie darauf, dass Sie die bittere weiße Schicht darunter nicht mit abschälen. Schneiden Sie die Schale in dünne Streifen. Entfernen Sie dann die bittere weiße Zitrushaut und schneiden Sie das darunterliegende Fruchtfleisch klein. Geben Sie das Fruchtfleisch und die abgezogene Schale mit 2,5 l Wasser in eine nichtmetallische Schüssel und lassen Sie die Mischung zugedeckt über Nacht stehen.

Stellen Sie zwei kleine Teller für spätere Testzwecke ins Gefrierfach (evtl. benötigen Sie den zweiten nicht). Geben Sie die Früchte mitsamt dem Einweichwasser in einen Topf und bringen Sie die Mischung anschließend zum Kochen. Reduzieren Sie die Hitze und lassen Sie die Früchte zugedeckt etwa 45 Minuten lang köcheln, bis sie weich geworden sind. Fügen sie den Zucker hinzu und rühren Sie das Ganze auf kleiner Flamme ca. 5 Minuten lang, bis der Zucker vollständig gelöst ist. Bringen Sie die Mischung anschließend erneut zum Kochen, lassen Sie sie unter Rühren 40–50 Minuten lang kochen und schöpfen Sie dabei sämtlichen Schaum ab. Überprüfen Sie während der letzten 20 Minuten immer wieder, ob die Marmelade bereits den Gelierpunkt erreicht hat. Dies ist dann der Fall, wenn die Masse in dicken, schweren Klecksen von einem leicht schräg gehaltenen Holzkochlöffel fällt, ohne dabei zu tropfen. Geben Sie etwas Marmelade auf einen der vorbereiteten Teller und stellen Sie diesen dann 30 Sekunden lang ins Gefrierfach. Ist der Gelierpunkt erreicht, bildet sich auf der Oberfläche der Marmelade eine dünne Haut. Wenn Sie nun mit ihrer Fingerspitze durch den Klecks fahren, wird sich die Haut dabei in Falten legen. Schöpfen Sie sämtlichen Schaum ab.

Füllen Sie die Marmelade mit Hilfe eines Löffels sofort in saubere, warme Gläser und verschließen Sie diese sorgfältig. Stellen Sie die Gläser für 2 Minuten auf den Kopf, drehen Sie sie anschließend wieder um und lassen Sie sie auskühlen. Beschriften und datieren Sie die Etiketten. Die Gläser können 6–12 Monate lang an einem kühlen, dunklen Ort gelagert werden. Nach dem Öffnen im Kühlschrank aufbewahren und innerhalb von 6 Wochen verbrauchen.

Zubereitungszeit 30 Minuten + Einweichen über Nacht ✳ Kochzeit 1 Stunde 40 Minuten

GRAPEFRUITS

Grapefruits sind die größten bekannten Zitrusfrüchte. Ihren Namen verdanken sie der Tatsache, dass sie, ähnlich wie Trauben (engl. grapes), in dichten Büscheln zusammengedrängt wachsen. Beim Kauf von Grapefruits werden Sie feststellen, dass es weiße, rosafarbene und dunkelrote Exemplare gibt. Die Farbe bezieht sich dabei jedoch nicht auf die Farbe der Schale, sondern auf die Farbe des Fruchtfleisches. Wählen Sie bevorzugt Früchte aus, die im Vergleich zu ihrer Größe relativ schwer sind.

Apfel-Rosenblätter-Gelee

ZUTATEN
1,5 kg Äpfel
2 ungespritzte Rosen
etwa 300 g extrafeiner Zucker
2 TL Rosenwasser

Schneiden Sie die Äpfel klein, geben Sie sie mit 1 l Wasser in einen Topf und lassen Sie sie dann auf kleiner Flamme etwa 45 Minuten lang köcheln, bis die Früchte weich geworden sind. Legen Sie ein Passiertuch in eine Schüssel, übergießen Sie es mit kochendem Wasser und wringen Sie es aus. Legen Sie das Passiertuch danach über eine hitzebeständige Schüssel. Geben Sie das Apfelpüree auf das Tuch und vermeiden Sie, die Früchte durch das Tuch zu drücken, denn dadurch würde das Gelee später trüb werden. Decken Sie das Passiertuch locker mit einem sauberen Geschirrtuch ab. Es darf die Fruchtmasse nicht berühren. Lassen Sie die Mischung über Nacht durch das Passiertuch tropfen.

Stellen Sie zwei kleine Teller für spätere Testzwecke ins Gefrierfach (evtl. benötigen sie den zweiten nicht). Zupfen sie die Blütenblätter von den Rosen und waschen Sie sie vorsichtig. Werfen Sie das Apfelfruchtfleisch weg, wiegen Sie die abgetropfte Flüssigkeit ab und gießen Sie sie in einen großen Topf. Geben Sie dann pro 600 ml Saft 310 g Zucker hinzu und rühren Sie, bis der Zucker vollständig gelöst ist. Bringen Sie sie zum Kochen, lassen Sie sie unter Rühren 5–10 Minuten lang kochen und schöpfen Sie dabei sämtlichen Schaum ab. Beginnen Sie danach mit der Gelierprobe. Nehmen Sie dazu den Topf vom Herd, geben Sie etwas Gelee auf einen der vorbereiteten Teller und stellen Sie diesen anschließend für 30 Sekunden ins Gefrierfach. Ist der Gelierpunkt erreicht, bildet sich auf der Oberfläche des Gelees eine dünne Haut. Wenn Sie nun mit ihrer Fingerspitze durch den Klecks fahren, wird sich die Haut dabei in Falten legen. Schöpfen Sie erneut sämtlichen Schaum ab und rühren Sie die Rosenblätter und das Rosenwasser unter. Lassen Sie das Gelee anschließend einige Zeit abkühlen, bis es langsam zu gelieren beginnt.

Nehmen Sie die vorbereiteten Gläser zur Hand, halten Sie sie leicht schräg und lassen Sie das Gelee dann vorsichtig an den Innenseiten der Gläser hinunterlaufen. Verschließen Sie die Gläser sorgfältig und stellen Sie sie dann ca. 10 Minuten lang auf den Kopf. Beim anschließenden Umdrehen sollten Sie jedoch unbedingt darauf achten, dass Sie die Gläser langsam umdrehen, denn dadurch können sich die Blütenblätter besser im Gelee verteilen. Beschriften und datieren Sie die Etiketten. An einem kühlen, dunklen Ort können die Gläser 6–12 Monate lang gelagert werden. Angefangene Gläser sollten Sie im Kühlschrank aufbewahren und innerhalb von 6 Wochen verbrauchen.

Zubereitungszeit 20 Minuten + Einweichen über Nacht ✳ Kochzeit 1 Stunde

HERZHAFTES UND PICKLES

Zwiebel-Thymian-Marmelade

ZUTATEN

2 kg Zwiebeln, in Ringe geschnitten

750 ml Malzessig

6 schwarze Pfefferkörner

2 Lorbeerblätter

805 g weicher, brauner Zucker, fest zusammengepresst

2 EL frische Thymianblätter

etwa 10 Zweige frischer Thymian

Geben Sie die Zwiebeln zusammen mit dem Essig in einen großen Topf. Legen Sie die Pfefferkörner und die Lorbeerblätter auf ein Stück Musselintuch und binden Sie dieses mit einer Schnur zu einem Beutel zusammen. Geben Sie den Beutel zu den Zwiebeln in den Topf, bringen Sie die Mischung anschließend zum Kochen und reduzieren Sie danach die Hitze. Lassen Sie sie 40–50 Minuten lang köcheln, bis die Zwiebeln weich geworden sind.

Fügen Sie den Zucker, die Thymianblätter und 1 TL Salz hinzu und rühren Sie die Mischung, bis der Zucker vollständig gelöst ist. Bringen Sie sie dann erneut zum Kochen und reduzieren Sie anschließend die Hitze. Lassen Sie die Mischung nun 20–30 Minuten lang köcheln, bis sie dickflüssig und sirupartig geworden ist, und schöpfen Sie dabei sämtlichen Schaum ab. Entfernen Sie den Musselinbeutel und rühren Sie die Thymianzweige unter.

Füllen Sie die Zwiebelmasse mit Hilfe eines Löffels sofort in saubere warme Gläser und übergießen Sie die Zwiebeln anschließend mit dem Sirup. Verschließen Sie die Gläser sorgfältig und stellen Sie sie 2 Minuten lang auf den Kopf, bevor Sie sie wieder umdrehen und auskühlen lassen. Beschriften und datieren Sie die Etiketten. Vor dem Öffnen sollten Sie die Gläser allerdings 1 Monat lang stehen lassen, denn erst dadurch kommt der Geschmack der Marmelade voll zur Geltung. An einem kühlen, dunklen Ort können die Gläser 6–12 Monate lang gelagert werden. Nach dem Öffnen müssen sie im Kühlschrank aufbewahrt und innerhalb von 6 Wochen verbraucht werden.

Zubereitungszeit 20 Minuten ✦ Kochzeit 1 Stunde 20 Minuten

Lammkeule *mit Zwiebel-Thymian-Marmelade*

Rosmarin und Lamm gelten seit jeher als perfektes Duo. Aber auch Thymian, ein weiteres harzhaltiges Kraut, passt sehr gut zu diesem Braten, vor allem wenn er als Bestandteil einer Zwiebelmarmelade Verwendung findet.

ZUTATEN

2 Rosmarinzweige

3 Knoblauchzehen, klein gehackt

75 g Pancetta (magerer italienischer Bauchspeck), fein gewürfelt

2 kg Lammkeule (der Unterschenkelknochen sollte knapp oberhalb des Gelenks abgetrennt sein), von überschüssigem Fett befreit und zusammengebunden

1 große Zwiebel

125 ml Olivenöl

375 ml trockener Weißwein

Zwiebel-Thymian-Marmelade (Rezept auf der vorigen Seite)

Heizen Sie den Backofen auf 230 °C/Gas Stufe 8 vor und zupfen sie die Rosmarinblätter von den Stielen. Hacken Sie den Rosmarin, den Knoblauch und den Bauchspeck klein und verrühren Sie alles zu einer dicken Paste. Würzen Sie diese mit Salz und frisch gemahlenem schwarzen Pfeffer und schneiden Sie dann das Lammfleisch an mehreren Stellen etwa 1 cm tief ein. Reiben Sie die Lammkeule anschließend mit der Rosmarinmischung ein und drücken Sie diese fest in die Einschnitte.

Schälen Sie die Zwiebel, schneiden Sie sie der Breite nach in 4 dicke Scheiben und geben Sie sie in die Mitte einer Bratenform. Legen Sie die Lammkeule darauf, übergießen Sie sie mit dem Olivenöl und lassen Sie sie etwa 15 Minuten lang bei 230 °C/Gas Stufe 8 im Ofen braten.

Schalten sie die Temperatur auf 180 °C/Gas Stufe 4 zurück und gießen Sie 250 ml Weißwein dazu. Wenn sie die Lammkeule gerne medium möchten, dann lassen Sie sie noch weitere 1 ¼ Stunden im Rohr – oder entsprechend länger, wenn Sie sie lieber gut durchgebraten haben wollen. Übergießen Sie das Fleisch von Zeit zu Zeit mit dem austretenden Fett und gießen sie bei Bedarf etwas Wasser nach.

Legen Sie die Lammkeule nach dem Braten auf einen warmen Servierteller, decken Sie sie vorsichtig mit Aluminiumfolie ab und lassen Sie sie an einem warmen Ort etwa 10 Minuten lang stehen.

Nehmen Sie die Zwiebeln aus der Bratenform und schöpfen sie das überschüssige Fett ab. Stellen Sie die Bratenform auf die Herdplatte, gießen Sie den restlichen Wein dazu und lassen Sie ihn bei hoher Temperatur 3–4 Minuten lang kochen, bis die Soße etwas eindickt. Würzen Sie die Soße je nach persönlichem Geschmack und tranchieren Sie anschließend die Lammkeule. Servieren Sie sie zusammen mit der Zwiebel-Thymian-Marmelade.

Zubereitungszeit 20 Minuten * Kochzeit 1 Stunde 45 Minuten * ergibt 6 Portionen

Tomatensoße

ZUTATEN

2,5 kg feste, reife Tomaten

1 große Zwiebel

2 TL schwarze Pfefferkörner

2 TL Gewürznelken, ganz

2 TL Pimentkörner

1 ½ EL Tomatenmark

4 Knoblauchzehen, zerdrückt

2 TL Ingwer, gemahlen

¼ TL Cayennepfeffer

600 ml Weißwein oder Apfelessig

250 g Zucker

Hacken Sie die Tomaten und die Zwiebeln in grobe Stücke und geben Sie die Pfefferkörner, die Gewürz-nelken und die Pimentkörner auf ein Musselintuch. Binden Sie das Tuch mit einer Schnur zu einem Beutel zusammen und geben Sie den Beutel zusammen mit den Tomaten, den Zwiebeln, dem Tomatenmark, dem Knoblauch, dem Ingwer, dem Cayennepfeffer, dem Essig und 1 TL Salz in einen großen Topf. Bringen Sie die Mischung vorsichtig zum Kochen, reduzieren Sie danach die Hitze und lassen Sie die Mischung ungefähr 45 Minuten lang köcheln. Fügen Sie den Zucker hinzu und rühren Sie alles auf kleiner Flamme ca. 5 Minuten, bis der Zucker vollständig gelöst ist. Bringen Sie die Mischung anschließend erneut zum Kochen, reduzieren Sie wiederum die Hitze und lassen Sie sie 1 Stunde lang köcheln, bis sie eine dickflüssige Konsistenz erreicht hat. Rühren Sie die Soße während des Kochens häufig um und achten Sie darauf, dass sie nicht anbrennt. Entfernen Sie zum Schluss den Musselinbeutel.

Platzieren Sie ein Sieb mittig über einer Schüssel und geben Sie dann die Soße durch das Sieb. Drücken Sie mit Hilfe eines Metalllöffels so viel Saft aus dem Fruchtfleisch wie möglich und werfen Sie das Frucht-fleisch anschließend weg. Gießen Sie den Saft in einen sauberen Topf, erwärmen Sie die Mischung vorsichtig und füllen Sie sie dann sofort in saubere, warme Gläser. Verschließen Sie die Gläser, stellen Sie sie auf den Kopf und lassen Sie sie 2 Minuten lang stehen, bevor Sie sie wieder umdrehen und auskühlen lassen. Beschriften und datieren Sie die Etiketten. Vor dem Öffnen sollten Sie die Gläser mindestens 1 Monat lang stehen lassen, denn erst dadurch kommt der Geschmack der Tomatensoße voll zur Geltung. An einem kühlen, dunklen Ort können die Gläser 6–12 Monate lang gelagert werden. Nach dem Öffnen müssen sie im Kühlschrank aufbewahrt und innerhalb von 6 Wochen verbraucht werden.

Zubereitungszeit 25 Minuten ✳ Kochzeit 2 Stunden

Würstchenrollen *mit Tomatensoße*

Diese Würstchenrollen schmecken nicht nur hervorragend als Partysnack oder „Pausen-brot", sondern ergeben in Kombination mit einem frischen Salat auch eine vollwertige Mahlzeit. Und natürlich gehört auf jede Würstchenrolle ein Klecks frischer, selbstge-machter Tomatensoße.

ZUTATEN

3 Scheiben Tiefkühl-Blätterteig, aufgetaut

2 Eier, leicht verquirlt

750 g Würstchen, zerhackt

1 Zwiebel, fein gewürfelt

1 Knoblauchzehe, zerdrückt

80 g frische Brotkrümel

3 EL glatte Petersilie, klein gehackt

3 EL Thymian, klein gehackt

½ TL Salbei, gemahlen

½ TL frischer Muskat, gemahlen

½ TL Gewürznelken, gemahlen

Tomatensoße (Rezept auf der vorigen Seite)

Heizen Sie den Backofen auf 200 °C/Gas Stufe 6 vor und fetten Sie 2 Backbleche ein.

Halbieren Sie die Blätterteigscheiben und bestreichen Sie die Ränder dünn mit dem verquirlten Ei. Vermischen Sie die Hälfte der restlichen Eiermasse mit den übrigen Zutaten in einer großen Schüssel und geben Sie noch ½ TL schwarzen Pfeffer dazu. Teilen Sie die Masse anschließend in 6 gleich große Portionen und streichen Sie diese mit Hilfe eines Spritzbeutels oder eines Löffels auf die 6 Blätterteigstücke, und zwar in Form eines Längsstreifens in der Mitte. Streichen Sie die Ränder erneut mit etwas Ei ein und rollen Sie den Teig dann mitsamt der Füllung auf. Die Ränder sollten dabei überlappen und die „Schnittstellen" auf der Unterseite der Teigrollen sein. Bestreichen Sie die Rollen nochmals mit Ei und schneiden Sie anschließend jede Rolle in 6 kleine Röllchen.

Schneiden Sie die Röllchen auf der Oberseite zweimal ein und legen Sie sie danach auf die Backbleche. Backen Sie sie 15 Minuten lang bei 200 °C/Gas Stufe 6 und anschließend weitere 15 Minuten lang bei 180 °C/Gas Stufe 4. Der Teig sollte am Ende der Backzeit goldgelb aussehen und etwas aufgegangen sein. Reichen Sie dazu selbstgemachte Tomatensoße.

Zubereitungszeit 30 Minuten ✦ Kochzeit 30 Minuten ✦ ergibt 36 Stück

Eingelegte Zitronen

ZUTATEN

8–12 kleine Zitronen mit dünner Schale

315 g Steinsalz

500 ml Zitronensaft (8–10 Zitronen)

½ TL schwarze Pfefferkörner

1 Lorbeerblatt

1 EL Olivenöl

Schrubben Sie die Zitronen unter fließend warmem Wasser mit einer weichen Bürste gründlich ab. Schneiden Sie die Zitronen anschließend in Viertel, und zwar so, dass die Zitronen am unteren Ende noch zusammenhalten. Öffnen Sie die Zitronen vorsichtig, entfernen Sie eventuell vorhandene Kerne und geben Sie in jede Zitrone 1 EL Steinsalz. Drücken Sie die Zitronen dann wieder zusammen und setzen Sie sie dicht nebeneinander in ein 2-Liter-Glas. Verschließen Sie das Glas anschließend mit einem Metallbügel oder einem dicht schließenden Deckel (je nach Größe des Glases brauchen Sie eventuell gar nicht alle 12 Zitronen. Sie sollten aber auf jeden Fall dicht nebeneinander im Glas verstaut sein.

Geben Sie dann 250 ml des Zitronensaftes in das Glas, ebenso das restliche Steinsalz, die Pfefferkörner und das Lorbeerblatt. Füllen Sie das Glas mit dem übrigen Zitronensaft auf, verschließen Sie es und schütteln Sie es anschließend gut durch, sodass alle Zutaten darin gründlich miteinander vermischt werden. Lassen Sie das Glas an einem kühlen, dunklen Ort etwa 6 Wochen lang stehen und drehen Sie es dabei einmal pro Woche um (bei heißem Wetter sollten Sie das Glas im Kühlschrank aufbewahren). Die Flüssigkeit wird zu Anfang noch etwas trüb sein, doch dies wird sich spätestens im Laufe der 4. Woche ändern.

Um festzustellen, ob die Zitronen fertig sind, schneiden Sie eines der Zitronenviertel auf. Ist die dünne weiße Haut im Inneren der Frucht nach wie vor weiß, sind die Zitronen noch nicht fertig. Verschließen Sie das Glas wieder und lassen Sie es noch eine weitere Woche stehen.

Sobald die Zitronen fertig sind, sollten Sie die Salzflüssigkeit unverzüglich mit einer Schicht Olivenöl bedecken. Füllen Sie das Öl immer wieder neu auf, sobald Sie eine (oder mehrere) Zitronen entnehmen.

Hinweis: VERWENDEN SIE DIE EINGELEGTEN ZITRONEN ZUM WÜRZEN VON GEGRILLTEM FLEISCH ODER FÜR COUSCOUS, FÜLLUNGEN, TAJINE UND KASSEROLLEN. ZUM KOCHEN WIRD ALLERDINGS NUR DIE SCHALE DER ZITRONEN VERWENDET. WASCHEN SIE DIE SCHALEN GRÜNDLICH UNTER FLIESSENDEM WASSER, BEVOR SIE SIE UNTER DIE SPEISEN RÜHREN.

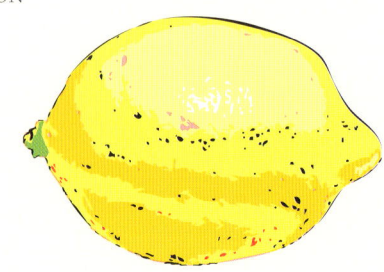

Zubereitungszeit 1 Stunde + 6 Wochen Lagerung * keine Kochzeit

Hähnchen mit Oliven
und eingelegten Zitronen

In Marokko werden häufig eingelegte Zitronen zum Kochen verwendet, und das dürfte wohl auch der Grund dafür sein, dass sich dieses Gericht zu einem der größten kulinarischen Klassiker Marokkos überhaupt entwickeln konnte. Bei der Wahl der Oliven sollten Sie solche mit Kern bevorzugen. Falls die Oliven zu bitter sein sollten, blanchieren Sie sie vorher einfach 5 Minuten lang in kochendem Wasser.

ZUTATEN

60 ml Olivenöl

1,6 kg Hähnchen

1 Zwiebel, klein geschnitten

2 Knoblauchzehen, klein gehackt

625 ml Hühnerbrühe

½ TL Ingwer, gemahlen

½ TL Zimt

einige Safranfäden

100 g grüne Oliven

¼ einer eingelegten Zitrone (entfernen Sie das Fruchtfleisch, waschen sie die Schale und schneiden Sie diese anschließend in feine Streifen)

2 Lorbeerblätter

2 Hühnerlebern

3 EL Korianderblätter, klein gehackt

Heizen Sie den Backofen auf 180 °C/Gas Stufe 4 vor. Erhitzen Sie 2 EL Olivenöl in einer großen Pfanne, legen Sie das Hähnchen hinein und braten Sie es auf allen Seiten kräftig an. Geben Sie es anschließend in eine hitzebeständige Kasserolle, erhitzen Sie das übrige Öl in der Pfanne und braten Sie die Zwiebeln und den Knoblauch bei mittlerer Hitze etwa 3–4 Minuten lang an, bis diese weich geworden sind. Fügen Sie die Hühnerbrühe, den Ingwer, den Zimt, den Safran, die Oliven, die Zitronen und die Lorbeerblätter hinzu, gießen Sie die Mischung auf das Hähnchen und lassen Sie alles 45 Minuten lang im Ofen schmoren. Wenn Sie danach einen Spieß in das Fleisch stechen, sollte der austretende Saft klar sein. Für den Fall, dass die Soße zu sehr eindicken sollte, gießen Sie einfach etwas Wasser oder Hühnerbrühe nach.

Nehmen Sie das Hähnchen aus der Kasserolle, decken Sie es mit Aluminiumfolie ab und lassen Sie es einige Zeit stehen. Stellen Sie die Kasserolle bei mittlerer Hitze auf die Herdplatte, geben Sie die Hühnerlebern hinzu und verrühren bzw. zerdrücken Sie diese während des Kochens in der Soße. Lassen Sie die Soße etwa 5–6 Minuten lang kochen, bis sie merklich eingedickt ist, und geben Sie anschließend die klein gehackten Korianderblätter zur Soße. Servieren Sie das Hähnchen zusammen mit der Soße.

Zubereitungszeit 10 Minuten ✳ Kochzeit 1 Stunde ✳ ergibt 4 Portionen

Indisches Limetten-Pickle

ZUTATEN

10 feste Limetten, gelb bis hellgrün

185 ml Öl

1 TL Bockshornkleesamen

¾ TL Kurkuma, gemahlen

3 TL Chilipulver

1 TL Asafötida (Teufelsdreck), gemahlen

Waschen Sie die Limetten und trocknen Sie sie anschließend gut ab. Erhitzen Sie 60 ml Öl in einer Pfanne, geben Sie 2 Limetten hinein und lassen Sie diese unter mehrmaligem Wenden bei niedriger Temperatur etwa 2 Minuten lang im Öl kochen. Verfahren Sie auf diese Weise auch mit den restlichen Limetten und achten Sie darauf, dass die Haut der Früchte dabei nicht braun wird. Lassen Sie die Limetten auskühlen, schneiden Sie jede Limette in acht Schnitze und jeden Schnitz wiederum in drei Teile. Werfen Sie die Kerne weg und fangen Sie den Saft der Früchte auf.

Erhitzen Sie die Bockshornkleesamen in einer fettfreien Pfanne, bis die Farbe der Samen allmählich heller wird (dies wird etwa 1 Minute dauern). Die Samen dürfen aber auf keinen Fall verbrennen, denn dadurch würde das Pickle später bitter schmecken. Zerreiben Sie die Samen anschließend in einem Mörser oder in einer Gewürzmühle zu feinem Pulver.

Erhitzen Sie das restliche Öl in einer Pfanne mit dickem Boden und fügen Sie dann unter ständigem Rühren die Kurkuma, das Chilipulver, den gemahlenen Teufelsdreck und 1 EL Salz hinzu. Geben Sie die Limetten und den Limettensaft dazu, schalten Sie die Herdplatte aus und rühren Sie das Bockshornkleepulver unter.

Füllen Sie die Masse mit Hilfe eines Löffels sofort in saubere, warme Gläser und bedecken Sie sie anschließend mit einer Schicht Olivenöl. Verschließen Sie die Gläser, beschriften und datieren Sie sie und lassen Sie sie vor dem Öffnen mindestens 1 Monat lang stehen, damit sich der Geschmack des Limetten-Pickles voll entfalten kann. An einem kühlen dunklen Ort gelagert, ist das Pickle bis zu 12 Monate haltbar. Angefangene Gläser sollten Sie im Kühlschrank aufbewahren und innerhalb von 6 Wochen verbrauchen.

Hinweis: VERWENDEN SIE FÜR DIESES PICKLE NICHT DIE DUNKELGRÜNEN LIMETTEN, DENN IN IHNEN IST ZU VIEL SÄURE ENTHALTEN. DIE SCHALE DER FRÜCHTE WIRD ÜBRIGENS MIT DER ZEIT WEICHER. ASAFÖTIDA IST EIN GETROCKNETES PFLANZENHARZ MIT EINEM SEHR SCHARFEN, KNOBLAUCHÄHNLICHEN GESCHMACK. SIE ERHALTEN ES IN INDISCHEN GEWÜRZLÄDEN.

Zubereitungszeit 20 Minuten + Auskühlen ✳ Kochzeit 15 Minuten

Rind *mit indischem Limetten-Pickle*

Pickles sind fester Bestandteil der indischen Küche, und für gewöhnlich werden zu jedem Essen zwei oder drei verschiedene Pickles zusammen mit einer Schale gekühltem Joghurt gereicht, um die Schärfe der Speisen etwas abzumildern.

ZUTATEN

Öl zum Frittieren, plus 2 zusätzliche EL Öl

1 Kartoffel, in kleine Würfel geschnitten

500 g Rumpsteak, dünn aufgeschnitten

3 Knoblauchzehen, zerdrückt

1 TL gemahlener, schwarzer Pfeffer

ein ca. 5 cm großes Stück frischer Ingwer
(reiben Sie den Ingwer auf einer feinen Reibe und drücken Sie ihn anschließend durch ein Musselintuch, bis Sie etwa 1 EL Ingwersaft erhalten)

2 Zwiebeln, in Ringe geschnitten

60 ml Rinderbrühe

2 EL Tomatenmark

2 TL Sojasoße

1 TL Chilipulver

60 ml Zitronensaft

3 Tomaten, klein geschnitten

80 g frische oder tiefgefrorene Erbsen

indisches Limetten-Pickle
(Rezept auf der vorigen Seite)

Füllen Sie eine schwere Kasserolle mit dickem Boden zu etwa einem Drittel mit Öl und erhitzen Sie es anschließend auf 180 °C. Das Öl ist dann heiß genug, wenn ein Brotwürfel darin innerhalb von 15 Sekunden braun wird. Frittieren Sie die Kartoffelstückchen in dem Öl, bis sie goldbraun sind, und legen Sie sie dann auf ein Stück Küchenpapier, damit das überschüssige Fett abtropfen kann.

Vermengen Sie das Fleisch mit dem Knoblauch, dem Pfeffer und dem Ingwersaft. Erhitzen Sie dann 2 EL Olivenöl in einer Pfanne und braten Sie das Fleisch darin portionsweise sehr heiß an. Nehmen Sie das Fleisch aus der Pfanne und stellen Sie es warm. Reduzieren Sie anschließend die Hitze, braten Sie die Zwiebeln in dem restlichen Öl goldgelb an und nehmen Sie sie dann aus der Pfanne.

Geben sie die Rinderbrühe zusammen mit dem Tomatenmark, der Sojasoße, dem Chilipulver und dem Zitronensaft in eine Pfanne und lassen Sie die Mischung bei mittlerer Hitze kochen, bis sie merklich eingedickt ist. Geben Sie anschließend die Zwiebeln dazu, lassen Sie alles 3 Minuten lang kochen und rühren Sie dann die Tomaten und die Erbsen unter. Lassen Sie die Mischung 1 weitere Minute lang kochen und fügen Sie zum Schluss das Fleisch und die Kartoffel hinzu. Vermischen Sie alle Zutaten gründlich miteinander und servieren Sie dazu indisches Limetten-Pickle.

Zubereitungszeit 15 Minuten ✳ Kochzeit 30 Minuten ✳ ergibt 4 Portionen

Thailändische süße Chilisoße

ZUTATEN

150 g mittelgroße rote Chilischoten, frisch

210 g Sultaninen

3 Knoblauchzehen, klein gehackt

ein ca. 3 cm großes Stück frischer Ingwer, fein gerieben

250 ml Weißweinessig

410 g Zucker

155 g weicher, brauner Zucker, fest zusammengepresst

1 EL Fischsoße

Ziehen Sie sich zum Schutz ihrer Hände Latex- oder Gummihandschuhe an, schneiden sie die Chilischoten der Länge nach durch und entfernen Sie dabei die Kerne.

Geben Sie die Chilis zusammen mit den Sultaninen, dem Knoblauch, dem Ingwer und 60 ml Weißweinessig in einen Mixer und verrühren Sie dann alles so lange miteinander, bis eine einheitliche, glatte Masse entstanden ist.

Geben Sie die Chilimasse in einen großen Topf und rühren Sie den restlichen Essig, den weißen und braunen Zucker, die Fischsoße, ¼ TL Salz und 100 ml Wasser unter. Bringen Sie die Mischung anschließend zum Kochen und rühren Sie sie, bis der Zucker vollständig gelöst ist. Reduzieren Sie danach die Hitze und lassen Sie die Soße unter ständigem Rühren etwa 15 Minuten lang köcheln, bis sie eine dickflüssige, sirupartige Konsistenz erreicht hat.

Fullen Sie die Soße sofort in saubere, warme Gläser. Verschließen Sie die Gläser, stellen Sie sie auf den Kopf und lassen Sie sie 2 Minuten lang stehen, bevor Sie sie wieder umdrehen und auskühlen lassen. Beschriften und datieren Sie sie und lassen Sie sie vor dem Öffnen mindestens 1 Monat lang stehen, damit sich Geschmack voll entfalten kann. An einem kühlen dunklen Ort gelagert, sind die Gläser bis zu 12 Monate lang haltbar. Nach dem Öffnen sollten Sie sie allerdings im Kühlschrank aufbewahren und innerhalb von 6 Wochen verbrauchen.

Hinweis: DIESE SOSSE IST ZWAR RELATIV SÜSS, HAT ABER DOCH „BISS". WENN SIE SIE LIEBER ETWAS MILDER MÖGEN, DANN VERWENDEN SIE EINFACH WENIGER CHILIS. DIE KERNE ENTHALTEN DIE MEISTE SCHÄRFE, ALSO VERGESSEN SIE NICHT, SIE VOR DEM KOCHEN ZU ENTFERNEN. WENN SIE ZU EMPFINDLICHER HAUT NEIGEN, DANN SOLLTEN SIE BEIM ZUBEREITEN DER CHILISOSSE UNBEDINGT HANDSCHUHE ZUM SCHUTZ IHRER HÄNDE TRAGEN.

Zubereitungszeit 30 Minuten ✳ Kochzeit 20 Minuten

Garnelen-Omeletts
mit thailändischer süßer Chilisoße

Dieses einfache, aber interessante Gericht besteht aus weichen kleinen Omeletts, die mit süßem Garnelenfleisch gefüllt und anschließend mit Koriander und Chili gewürzt werden. Die Soße gibt dem Ganzen den zusätzlichen Kick an Schärfe.

ZUTATEN

500 g rohe Garnelen

1 ½ EL Öl

4 Eier, leicht verquirlt

2 EL Fischsoße

8 Frühlingszwiebeln, klein geschnitten

6 Korianderwurzeln, klein gehackt

2 Knoblauchzehen, klein gehackt

1 kleine rote Chilischote, klein gehackt und ohne Kerne

2 TL Limettensaft

2 TL fein zerriebener Palmzucker (Jaggery) oder weicher, brauner Zucker

3 EL Korianderblätter, klein gehackt

1 kleine rote Chilischote zum Garnieren, klein gehackt

Korianderzweige, ebenfalls zum Garnieren

thailändische süße Chilisoße (siehe Rezept auf der vorigen Seite)

Schälen Sie die Garnelen und ziehen Sie dann vorsichtig den schwarzen Darmfaden, der entlang des Rückens verläuft, vom Kopfende zum Schwanz hin ab. Hacken Sie das Garnelenfleisch klein.

Heizen Sie einen Wok auf höchste Stufe, geben Sie 2 EL Öl hinein und schwenken Sie ihn dann vorsichtig im Kreis, damit das Öl überall gleichmäßig verteilt wird. Verrühren Sie die Eier mit der Hälfte der Fischsoße, geben Sie 2 EL davon in den Wok und backen Sie daraus in 1 Minute ein ca. 16 cm großes Omelett. Nehmen Sie das Omelett anschließend aus dem Wok und bereiten Sie auf dieselbe Weise acht weitere Omeletts zu.

Erhitzen Sie das übrige Öl im Wok, geben Sie die Garnelen, die Frühlingszwiebeln, die Korianderwurzeln, den Knoblauch und die Chilischote dazu und frittieren Sie alles 3–4 Minuten, bis die Garnelen gar sind. Rühren Sie den Limettensaft, den Palmzucker, die Korianderblätter und die restliche Fischsoße unter und verteilen Sie die Garnelenmischung anschließend gleichmäßig auf die acht Omeletts. Falten Sie die Omeletts danach zu kleinen festen Paketen, schneiden Sie sie auf der Oberseite einmal ein und garnieren Sie sie anschließend mit den Chili- und den Korianderzweigen. Servieren Sie dazu thailändische süße Chilisoße.

Zubereitungszeit 25 Minuten * Kochzeit 15 Minuten * ergibt 8 Stück

Pickle aus grünen Tomaten

ZUTATEN

1,25 kg grüne Tomaten

2 Zwiebeln

120 g Kochsalz

250 g Zucker

500 ml Apfelessig

60 g Sultaninen

½ TL Mixed Spices, gemahlen (fertige Gewürzmischung aus Kümmel,
    Kreuzkümmel, Piment, Koriander und Ingwer)

½ TL Zimt

2 TL Currypulver

1 Prise Cayennepfeffer

2 TL Speisestärke

Schneiden Sie die Tomaten und die Zwiebeln in dünne Ringe, vermischen Sie sie mit dem Salz und geben Sie alles zusammen in eine große, nichtmetallische Schüssel. Gießen Sie so viel Wasser dazu, dass die Mischung vollständig bedeckt ist, und legen Sie anschließend einen kleinen Teller auf das Gemüse, um zu verhindern, dass Teile davon aus dem Wasser ragen.

Lassen Sie die Tomaten und die Zwiebeln am nächsten Morgen abtropfen und spülen Sie sie unter fließendem Wasser gründlich ab. Geben Sie sie in einen großen Topf und fügen Sie den Zucker, den Essig, die Sultaninen und die Gewürze hinzu. Rühren Sie die Mischung dann 5 Minuten lang auf kleiner Flamme, bis der Zucker vollständig gelöst ist, und bringen Sie sie anschließend vorsichtig zum Kochen. Reduzieren Sie danach die Hitze und lassen Sie das Gemüse unter ständigem Rühren etwa 30 Minuten lang köcheln. Verquirlen Sie die Speisestärke mit 2 TL Wasser und rühren Sie beides unter die Mischung. Bringen Sie diese dann erneut zum Kochen und lassen Sie sie bei mittlerer Hitze so lange weiterkochen, bis sie einzudicken beginnt.

Füllen Sie das Pickle mit Hilfe eines Löffels sofort in saubere, warme Gläser und verschließen Sie diese sorgfältig. Stellen Sie die Gläser 2 Minuten lang auf den Kopf, drehen Sie sie anschließend wieder um und lassen Sie sie auskühlen. Beschriften und datieren Sie sie und lassen Sie das Tomaten-Pickle vor dem Öffnen mindestens 1 Monat lang stehen, damit sich sein Geschmack voll entfalten kann. Die Gläser können an einem kühlen, dunklen Ort etwa 12 Monate lang gelagert werden. Nach dem Öffnen sollten Sie sie im Kühlschrank aufbewahren und innerhalb von 6 Wochen verbrauchen.

Zubereitungszeit 25 Minuten + Einweichen über Nacht ✳ Kochzeit 40 Minuten

ROT ODER GRÜN?

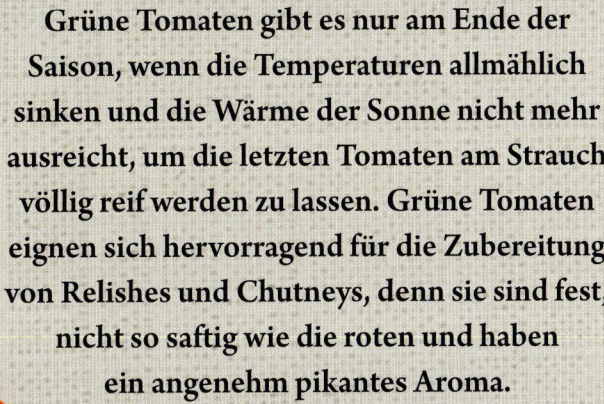

**Grüne Tomaten gibt es nur am Ende der
Saison, wenn die Temperaturen allmählich
sinken und die Wärme der Sonne nicht mehr
ausreicht, um die letzten Tomaten am Strauch
völlig reif werden zu lassen. Grüne Tomaten
eignen sich hervorragend für die Zubereitung
von Relishes und Chutneys, denn sie sind fest,
nicht so saftig wie die roten und haben
ein angenehm pikantes Aroma.
Aber auch in gebratener Form
sind sie geradezu legendär.**

Okra-Pickle

ZUTATEN

410 ml Apfelessig

1 TL Koriandersamen

1 TL Senfkörner

1 Zimtstange

4–6 kleine rote Chilis, getrocknet

2 EL weicher, brauner Zucker

1 Zwiebel, klein gehackt

500 g kleine Okraschoten, in 1 cm große
Stücke geschnitten

Geben Sie den Essig zusammen mit den Gewürzen, den Chilischoten, dem Zucker und 1 ½ EL Wasser in einen großen Topf und bringen Sie die Mischung anschließend vorsichtig zum Kochen. Reduzieren Sie danach die Hitze und lassen Sie die Mischung ca. 5 Minuten lang köcheln, bevor Sie den Topf wieder vom Herd nehmen. Decken Sie den Topf zu und lassen Sie die Mischung 25 Minuten durchziehen.

Geben Sie die Essigmischung durch ein Sieb (die Chilischoten dabei aufbewahren!) und gießen Sie sie anschließend wieder in den Topf zurück. Es sollten ungefähr 375 ml Flüssigkeit sein. Geben Sie die klein geschnittene Zwiebel, die Okraschoten und 2 EL Salz dazu und bringen Sie die Mischung erneut zum Kochen. Reduzieren Sie die Hitze und lassen Sie die Mischung auf kleiner Flamme etwa 5 Minuten lang köcheln. Die Okraschoten sollten noch Biss haben und dürfen keine schleimige Flüssigkeit mehr absondern. Schöpfen Sie während des Kochens sämtlichen Schaum ab.

Geben Sie die Okra-Zwiebel-Mischung durch ein Sieb, fangen Sie die abtropfende Flüssigkeit auf und füllen Sie das Gemüse sofort in saubere, warme Gläser. Geben Sie in jedes Glas zwei Chilis, füllen sie die Gläser bis zum Rand mit der aufgefangenen Flüssigkeit und verschließen Sie sie dann sorgfältig. Stellen Sie die Gläser 2 Minuten lang auf den Kopf, drehen Sie sie anschließend wieder um und lassen Sie sie auskühlen. Beschriften und datieren Sie sie und lassen Sie das Okra-Pickle vor dem Öffnen mindestens 1 Monat lang stehen, damit sich sein Geschmack voll entfalten kann. Die Gläser können an einem kühlen, dunklen Ort bis zu 12 Monate gelagert werden. Nach dem Öffnen sollten Sie sie im Kühlschrank aufbewahren und innerhalb von 6 Wochen verbrauchen.

Hinweis: VERWENDEN SIE MÖGLICHST NUR KLEINE OKRAS, DENN DIE GRÖSSEREN SIND MEIST ETWAS FASERIGER. NACH CA. 1–2 WOCHEN HABEN DIE OKRAS DIE FLÜSSIGKEIT IM GLAS FAST GÄNZLICH AUFGESOGEN.

Zubereitungszeit 20 Minuten + 25 Minuten Ruhezeit ✦ Kochzeit 10 Minuten

Pflaumensoße

ZUTATEN

1 großer, grüner Apfel

2 rote Chilis

1,25 kg Blutpflaumen, halbiert

460 g weicher, brauner Zucker, fest zusammengepresst

375 ml Weißweinessig

1 Zwiebel, gerieben

60 ml Sojasoße

2 EL frischer Ingwer, klein gehackt

2 Knoblauchzehen, zerdrückt

Schälen, entkernen und zerkleinern Sie den Apfel und geben Sie ihn zusammen mit 125 ml Wasser in einen großen Topf. Decken Sie den Topf zu und lassen Sie die Mischung etwa 10 Minuten lang köcheln, bis die Apfelstücke weich geworden sind. Halbieren Sie die Chilis der Länge nach, entfernen Sie die Kerne und hacken Sie die Schoten klein. Fügen Sie die Pflaumen, den Zucker, den Essig, die Zwiebel, die Sojasoße, den Ingwer, den Knoblauch und die Chilis hinzu und bringen Sie die Mischung dann vorsichtig zum Kochen. Lassen Sie sie dann ohne Deckel und bei niedriger Hitze etwa 45 Minuten lang köcheln und vergessen Sie dabei das Umrühren nicht. Gießen Sie die Soße anschließend mit Hilfe eines Holzkochlöffels durch ein Sieb und fangen Sie die abtropfende Flüssigkeit in einer großen Schüssel auf. Werfen Sie die Pflaumenkerne weg, waschen Sie den Topf aus und geben Sie die Soße in den Topf zurück.
Stellen Sie den Topf auf den Herd zurück und lassen Sie die Soße unter ständigem Rühren so lange kochen, bis sie etwas eingedickt ist (die Soße dickt während des Abkühlens noch weiter ein).
Gießen Sie die Pflaumensoße sofort in saubere, warme Gläser und verschließen Sie diese sorgfältig. Stellen Sie die Gläser 2 Minuten lang auf den Kopf, drehen Sie sie anschließend wieder um und lassen Sie sie auskühlen. Beschriften und datieren Sie sie und lassen Sie die Pflaumensoße vor dem Öffnen mindestens 1 Monat lang stehen, damit sich ihr Geschmack voll entfalten kann. Die Gläser können an einem kühlen, dunklen Ort etwa 12 Monate lang gelagert werden. Nach dem Öffnen sollten Sie sie im Kühlschrank aufbewahren und innerhalb von 6 Wochen verbrauchen.

Zubereitungszeit 20 Minuten ✳ Kochzeit 1 Stunde

Frühlingsrollen *mit Pflaumensoße*

Es lohnt sich, Frühlingsrollen selbst zu machen. Zumindest die Füllung; die Teigblätter dazu können Sie kaufen. Eine gute Pflaumensoße gehört aber auf jeden Fall dazu.

ZUTATEN

2 getrocknete Shiitake-Pilze

250 g Schweinehack

1 ½ EL dunkle Sojasoße

2 TL trockener Sherry

½ TL chinesisches Fünf-Gewürze-Pulver

2 EL Speisestärke, plus 1 ½ TL zusätzlich

80 ml Erdnussöl

½ Selleriestange, klein geschnitten

2 Frühlingszwiebeln, klein geschnitten

30 g Bambussprossen(Dose), in Streifen

40 g Chinakohl, klein geschnitten

2 Knoblauchzehen, zerdrückt

2 TL frischer Ingwer, klein gehackt

¼ TL Zucker

¼ TL Sesamöl

250 g Frühlingsrollenblätter, 12 x 12 cm

Pflaumensoße (Rezept auf der vorigen Seite)

Übergießen Sie die Pilze mit kochendem Wasser und lassen Sie sie 20 Minuten lang stehen. Drücken Sie dann das Wasser aus und schneiden Sie die Köpfe klein. Lassen Sie das mit der Sojasoße, dem Sherry, dem Fünf-Gewürze-Pulver und 1 EL Speisestärke vermischte Fleisch 15 Minuten stehen.
Geben Sie 2 EL Erdnussöl in einen Wok, bringen Sie es bei starker Hitze zum Kochen und fügen Sie dann das Gemüse hinzu. Frittieren Sie es, bis es weich ist (ca. 3–4 Minuten), salzen Sie es und stellen Sie es beiseite. Erhitzen Sie das restliche Erdnussöl im Wok, braten Sie den Knoblauch und den Ingwer etwa 30 Sekunden lang darin an, bevor Sie die Hackfleischmischung dazugeben, und lassen Sie die Masse anschließend noch 2–3 Minuten lang im heißen Öl schmoren, bis sie fast gar ist. Verquirlen Sie 1 ½ TL Speisestärke mit 60 ml Wasser, geben Sie das gekochte Gemüse und die Pilze in den Wok. Fügen Sie anschließend den Zucker, das Sesamöl und die Speisestärke hinzu und rühren Sie die Masse 2 Minuten lang um.
Stellen Sie aus der restlichen Speisestärke und 2–3 EL kaltem Wasser eine Paste her und geben Sie dann 2 TL Füllung auf ein Frühlingsrollenblatt. Bestreichen Sie die Ecken mit Speisestärke und rollen Sie das Blatt dann mitsamt der Füllung auf. Stecken Sie dabei die Enden nach innen in die Rolle. Füllen Sie einen Wok zu etwa einem Drittel mit Öl und erhitzen Sie dieses auf 180 °C. Frittieren Sie die Frühlingsrollen portionsweise in dem heißen Öl, bis sie von goldgelber Farbe sind, und legen Sie sie anschließend zum Abtropfen auf ein zusammengefaltetes Stück Küchenpapier.

Zubereitungszeit 45 Minuten ✦ Kochzeit 20 Minuten ✦ ergibt 30 Stück

Chili-Knoblauch-Soße

ZUTATEN

8 große Chilis, getrocknet

4 mittelgroße rote Chilis, frisch

4 Knoblauchzehen

125 ml Weißweinessig

185 g Zucker

1 EL Fischsoße

Entfernen Sie die Stiele und die Kerne der getrockneten Chilis und brechen Sie sie in grobe Stücke. Geben Sie die Chilistücke in eine Schüssel, übergießen Sie sie mit kochendem Wasser und weichen Sie sie 15 Minuten lang ein.

In der Zwischenzeit können Sie die frischen Chilis halbieren und entkernen (tragen Sie zum Schutz ihrer Hände Handschuhe dabei!). Schneiden Sie anschließend den Knoblauch klein, geben Sie die abgetropften Chilistückchen zusammen mit den frischen Chilis und dem Essig in einen Mixer und verrühren Sie alles gründlich miteinander.

Gießen Sie die Mischung anschließend in einen Topf, bringen Sie sie vorsichtig zum Kochen und reduzieren Sie danach die Hitze. Rühren Sie den Zucker und den Knoblauch unter und lassen Sie alles unter häufigem Rühren etwa 10 Minuten lang köcheln, bis die Soße etwas eindickt. Geben Sie zum Schluss die Fischsoße dazu.

Gießen Sie die Chili-Knoblauch-Soße in einen hitzebeständigen Krug, füllen Sie sie aus diesem sofort in die vorbereiteten Gläser und verschließen Sie diese sorgfältig. Stellen Sie die Gläser dann 2 Minuten lang auf den Kopf, drehen Sie sie anschließend wieder um und lassen Sie sie auskühlen. Beschriften und datieren Sie sie und lassen Sie die Soße vor dem Öffnen mindestens 1 Monat lang stehen, damit sich ihr Geschmack voll entfalten kann. Die Gläser können an einem kühlen, dunklen Ort etwa 12 Monate lang gelagert werden. Nach dem Öffnen sollten Sie sie im Kühlschrank aufbewahren und innerhalb von 6 Wochen verbrauchen.

Zubereitungszeit 20 Minuten + 15 Minuten Einweichen ✦ Kochzeit 15 Minuten

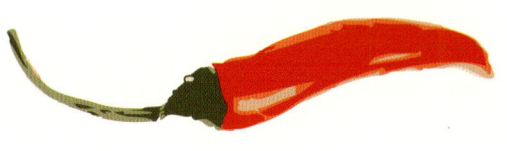

Zucchiniküchlein *mit Chili-Knoblauch-Soße*

Zucchini sind ein unterschätztes Gemüse, denn Sie sind wesentlich vielfältiger, als die meisten Köche glauben. Besonders gut schmecken diese köstlichen Zucchiniküchlein übrigens in Kombination mit einer scharfen Chili-Knoblauch-Soße.

ZUTATEN

300 g Zucchini, geraspelt

1 kleine Zwiebel, klein geschnitten

30 g mit einer Prise Backpulver gemischtes Mehl

35 g frisch geriebener Kefalotyri (griechischer Hartkäse) oder Parmesan

1 EL Minze, gehackt

2 TL glatte Petersilie, gehackt

1 Prise Muskat, gemahlen

25 g Brotkrümel, getrocknet

1 Ei, leicht verquirlt

Olivenöl zum Anbraten

Zitronenspalten zum Garnieren

Chili-Knoblauch-Soße
(Rezept auf der vorigen Seite)

Geben Sie die Zucchini und die Zwiebeln in die Mitte eines sauberen Geschirrtuches und falten Sie die vier Ecken des Tuches dann so zusammen, dass eine Art Beutel daraus entsteht. Drücken Sie das Tuch anschließend fest zusammen, damit der Saft aus dem Gemüse gepresst wird, geben Sie die ausgedrückte Zucchini-Zwiebel-Masse in eine große Schüssel und vermischen Sie sie mit dem Mehl, dem Käse, der Minze, der Petersilie, der Muskatnuss, den Brotkrümeln und dem Ei.

Erhitzen Sie das Öl bei mittlerer Hitze in einer großen Bratpfanne und geben Sie dann pro Küchlein 1 gestrichenen EL Gemüsemasse in das heiße Öl. Braten Sie die Küchlein 2–3 Minuten lang, bis sie ringsherum goldbraun sind, und legen Sie sie anschließend zum Abtropfen auf Küchenpapier. Servieren Sie die Zucchiniküchlein heiß, garnieren Sie sie mit Zitronenspalten und reichen Sie dazu selbstgemachte Chili-Knoblauch-Soße.

Zubereitungszeit 20 Minuten ✦ Kochzeit 15 Minuten ✦ ergibt 16 Stück

Paprikasoße

ZUTATEN

2 kg rote Paprika

2 Tomaten

1 große Zwiebel, klein gehackt

1 kleiner grüner Apfel, geschält, entkernt und klein geschnitten

165 g weicher, brauner Zucker, fest zusammengepresst

500 ml Apfelessig

2 TL schwarze Pfefferkörner

2 EL frische Basilikumblätter, klein geschnitten

1 TL Gewürznelken

1 Lorbeerblatt

3 Knoblauchzehen

Heizen Sie den Backofen auf 200 °C/Gas Stufe 6 vor und braten Sie dann die Paprika ca. 35 Minuten lang in einer Pfanne an, bis die Schalen Blasen werfen bzw. leicht schwarz werden. Vierteln, schälen und entkernen Sie die Paprika und schneiden Sie anschließend das Fruchtfleisch klein.

Schneiden Sie die Tomaten auf der Unterseite kreuzweise ein, geben Sie sie in eine hitzebeständige Schale und übergießen Sie sie mit kochendem Wasser. Holen Sie sie nach 30 Sekunden aus dem Wasser und legen Sie sie dann in eine Schale mit kaltem Wasser. Schälen Sie die Tomaten und schneiden Sie das Fruchtfleisch klein.

Geben Sie die Paprika, die Tomaten, die Zwiebeln und die Apfelstückchen in einen Mixer, verquirlen Sie alles zu einer kleinstückigen Masse und geben Sie diese dann zusammen mit dem Zucker, dem Essig und 1 TL Salz in einen Topf. Legen Sie die Pfefferkörner, die Basilikumblätter, die Gewürznelken, das Lorbeerblatt und die Knoblauchzehen auf ein Stück Musselintuch, binden Sie das Tuch zu einem Beutel zusammen und geben Sie diesen dann in den Topf. Rühren Sie alles auf kleiner Flamme, bis der Zucker vollständig gelöst ist, und bringen Sie die Masse anschließend vorsichtig zum Kochen. Reduzieren Sie die Hitze und lassen Sie die Masse unter häufigem Rühren bei niedriger bis mittlerer Hitze 1 Stunde und 15 Minuten lang köcheln, bis sie dickflüssig geworden ist. Geben Sie die Masse anschließend in einen Mixer und verrühren Sie sie dann zu einer glatten Soße.

Gießen Sie die Paprikasoße sofort in saubere, warme Gläser und verschließen Sie diese sorgfältig. Stellen Sie die Gläser danach 2 Minuten lang auf den Kopf, drehen Sie sie anschließend wieder um und lassen Sie sie auskühlen. Beschriften und datieren Sie sie und lassen Sie die Soße vor dem Öffnen mindestens 1 Monat lang stehen, damit sich ihr Geschmack voll entfalten kann. Die Gläser können an einem kühlen, dunklen Ort etwa 12 Monate lang gelagert werden. Nach dem Öffnen sollten Sie sie im Kühlschrank aufbewahren und innerhalb von 6 Wochen verbrauchen.

Zubereitungszeit 30 Minuten ✷ Kochzeit 2 Stunden

Auberginen-Pickle

ZUTATEN

800 g Auberginen, in 1 cm große Würfel geschnitten

4 Knoblauchzehen, klein geschnitten

50 g frischer Ingwer, klein geschnitten

2 rote Chilis, klein geschnitten

125 ml Öl

1 Zwiebel, klein geschnitten

1 EL Kreuzkümmel, gemahlen

1 TL Fenchelsamen

1 EL Koriander, gemahlen

½ TL Kurkuma, gemahlen

250 ml Weißweinessig

160 g Zucker

Geben Sie die Auberginenwürfel in ein Sieb und bestreuen Sie sie mit 1 EL Salz. Lassen Sie sie 20 Minuten lang stehen, waschen Sie sie anschließend gründlich ab und tupfen Sie sie trocken. Geben Sie den Knoblauch, den Ingwer und die Chilis in einen Mixer und verrühren Sie alle Zutaten zu einer dicken Paste. Erhitzen Sie das Öl in einer großen Pfanne, geben Sie die klein geschnittene Zwiebel hinein und braten Sie diese in etwa 2 Minuten glasig an. Fügen Sie dann die Knoblauchpaste, den Kreuzkümmel, die Fenchelsamen, den Koriander und das Kurkumapulver hinzu und lassen Sie das Ganze etwa 1 Minute lang unter ständigem Rühren kochen. Geben Sie anschließend die Auberginenwürfel dazu und lassen Sie die Masse weitere 5–10 Minuten lang köcheln, bis die Würfel weich geworden sind.

Rühren Sie den Weißweinessig, den Zucker und 1 TL Salz unter und verrühren Sie alle Zutaten gründlich miteinander. Decken Sie den Topf zu und lassen Sie die Masse in etwa 15 Minuten garkochen.

Füllen Sie das Pickle sofort in saubere, warme Gläser und entfernen Sie mit Hilfe eines Metallspießes sämtliche Luftblasen aus den Gläsern, bevor Sie diese verschließen. Stellen Sie die Gläser nach dem Verschließen 2 Minuten lang auf den Kopf, drehen Sie sie danach wieder um und lassen Sie sie auskühlen. Beschriften und datieren Sie sie und lassen Sie sie vor dem Öffnen mindestens 1 Monat lang stehen, damit sich der Geschmack voll entfalten kann. An einem kühlen, dunklen Ort gelagert, ist das Pickle bis zu 12 Monate lang haltbar. Angefangene Gläser sollten Sie im Kühlschrank aufbewahren und innerhalb von 6 Wochen verbrauchen.

Zubereitungszeit 20 Minuten + 20 Minuten Ruhezeit ✳ Kochzeit 30 Minuten

CHUTNEYS UND RELISHES

Trockenfrüchte-Chutney mit Gewürzen

ZUTATEN

400 g Aprikosen, getrocknet

200 g Pfirsiche, getrocknet

200 g Birnen, getrocknet

250 g Rosinen

200 g Datteln, entsteint

250 g Zwiebeln

250 g grüne Äpfel, geschält und entkernt

4 Knoblauchzehen, fein gehackt

1 TL Kreuzkümmel, gemahlen

1 TL Koriander, gemahlen

1 TL Gewürznelken, gemahlen

1 TL Cayennepfeffer, gemahlen

600 g weicher, brauner Zucker, leicht zusammengepresst

600 ml Malzessig

Schneiden Sie die Aprikosen, die Pfirsiche, die Birnen, die Rosinen, die Datteln, die Zwiebeln und die Äpfel in kleine Stücke und geben Sie alles zusammen in einen großen Topf. Fügen Sie den Knoblauch, den Kreuzkümmel, den Koriander, die Gewürznelken, den Cayennepfeffer, den Zucker, den Essig, 2 TL Salz und 750 ml Wasser hinzu und rühren Sie die Mischung auf kleiner Flamme, bis der Zucker vollständig gelöst ist. Erhöhen Sie anschließend die Hitzezufuhr und bringen Sie die Masse zum Kochen. Reduzieren Sie danach die Hitze und lassen Sie alles unter ständigem Rühren etwa 1 ½ Stunden köcheln, bis die Masse dickflüssiger und das Obst weich geworden ist. Achten Sie aber darauf, dass die Masse nicht zu heiß wird, denn dadurch würde die Flüssigkeit zu schnell verdunsten und die verschiedenen Aromen hätten nicht genügend Zeit, sich voll zu entfalten.

Füllen Sie die Masse mit Hilfe eines Löffels sofort in saubere, warme Gläser und verschließen Sie diese sorgfältig. Stellen Sie die Gläser dann 2 Minuten lang auf den Kopf, drehen Sie sie anschließend wieder um und lassen Sie sie auskühlen. Beschriften und datieren Sie sie und lassen Sie das Chutney vor dem Öffnen mindestens 1 Monat lang stehen, damit sich sein Geschmack voll entfalten kann. Die Gläser können an einem kühlen, dunklen Ort etwa 12 Monate lang gelagert werden. Nach dem Öffnen sollten Sie sie im Kühlschrank aufbewahren und innerhalb von 6 Wochen verbrauchen.

Zubereitungszeit 20 Minuten ✳ Kochzeit 1 Stunde 35 Minuten

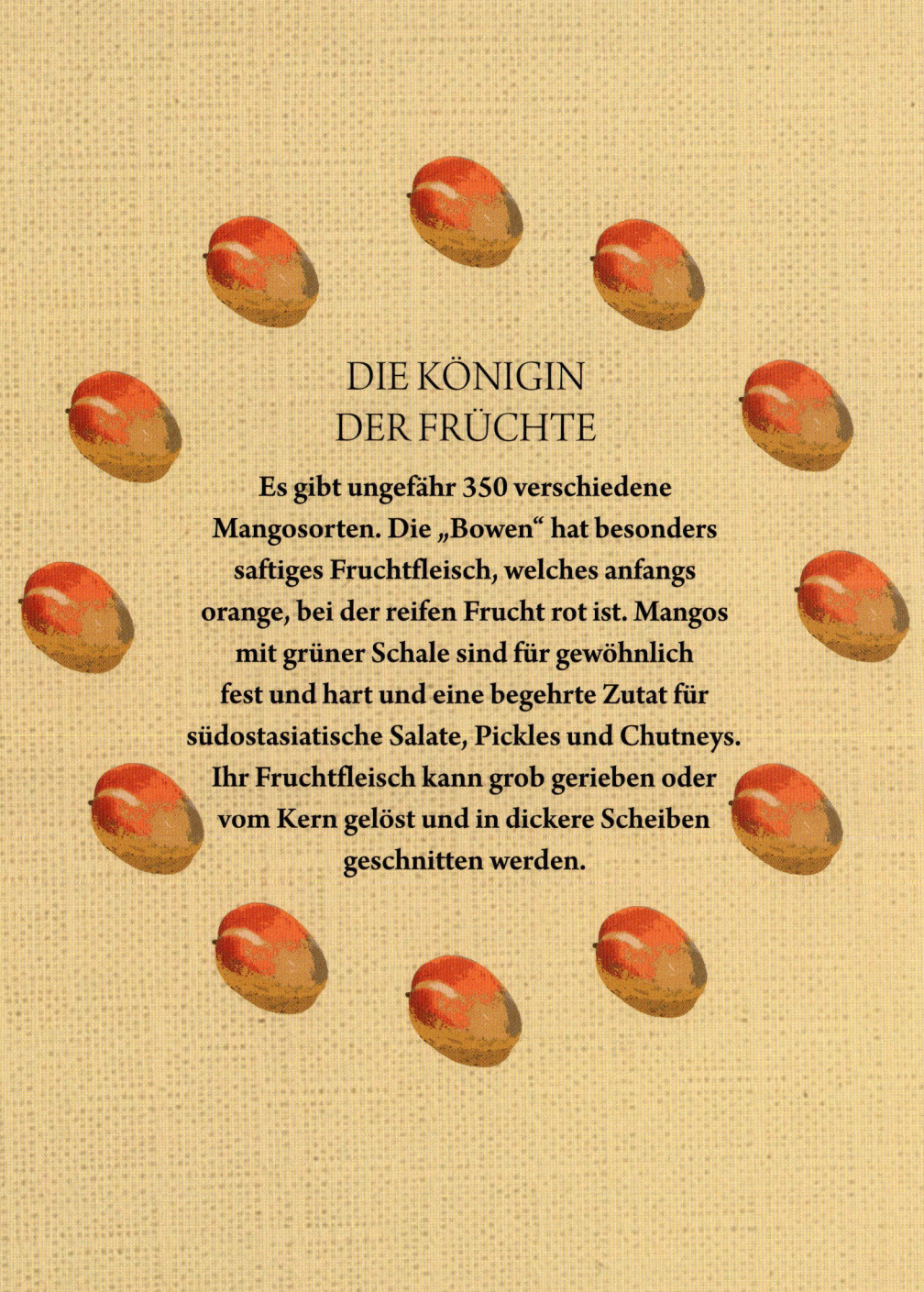

DIE KÖNIGIN
DER FRÜCHTE

Es gibt ungefähr 350 verschiedene
Mangosorten. Die „Bowen" hat besonders
saftiges Fruchtfleisch, welches anfangs
orange, bei der reifen Frucht rot ist. Mangos
mit grüner Schale sind für gewöhnlich
fest und hart und eine begehrte Zutat für
südostasiatische Salate, Pickles und Chutneys.
Ihr Fruchtfleisch kann grob gerieben oder
vom Kern gelöst und in dickere Scheiben
geschnitten werden.

Grünes Mango-Chutney

ZUTATEN

6 mittelfeste, grüne Mangos (etwa 2,6 kg)

1 große Zwiebel, fein gehackt

170 ml Weißweinessig

115 g weicher, brauner Zucker,
   fest zusammengepresst

185 g Zucker

2 TL Ingwer, gemahlen

2 TL Garam Masala

Schälen Sie die Mangos, trennen Sie das Fruchtfleisch mit Hilfe eines scharfen Messers vom Kern, schneiden Sie es in ca. 1 cm große Würfel und geben Sie die Würfel anschließend in einen großen Topf. Fügen Sie die restlichen Zutaten und 1 TL Salz hinzu und rühren Sie alles bei niedriger bis mittlerer Hitze 5 Minuten lang, bis der Zucker vollständig gelöst ist.

Bringen Sie die Mischung anschließend zum Kochen, reduzieren Sie danach die Hitze und lassen Sie die Mischung etwa 45 Minuten lang köcheln, bis sie dickflüssig und breiig geworden ist. Rühren Sie das Chutney während des Köchelns außerdem häufig um, vor allem gegen Ende der Kochzeit, damit es nicht am Topfboden anklebt bzw. anbrennt.

Füllen Sie die Masse mit Hilfe eines Löffels sofort in saubere, warme Gläser und verschließen Sie diese sorgfältig. Stellen Sie die Gläser dann 2 Minuten lang auf den Kopf, drehen Sie sie anschließend wieder um und lassen Sie sie auskühlen. Beschriften und datieren Sie sie und lassen Sie das Mango-Chutney vor dem Öffnen mindestens 1 Monat lang stehen, damit sich sein Geschmack voll entfalten kann. Die Gläser können an einem kühlen, dunklen Ort etwa 12 Monate lang gelagert werden. Nach dem Öffnen sollten Sie sie im Kühlschrank aufbewahren und innerhalb von 6 Wochen verbrauchen.

Hinweis: DIESES CHUTNEY WIRD TRADITIONELLERWEISE ZU INDISCHEN GERICHTEN GEREICHT. VERWENDEN SIE FÜR DESSEN ZUBEREITUNG AUSSCHLIESSLICH FESTE, GRÜNE MANGOS OHNE DRUCKSTELLEN ODER FLECKEN.

Zubereitungszeit 20 Minuten ✳ Kochzeit 50 Minuten

Vindaloo *mit grünem Mango-Chutney*

Vindaloo, ein indisches Currygericht, ist an Schärfe und Würze kaum zu überbieten. Es wurde von den Portugiesen in Goa, der Hauptstadt der Kolonie Portugiesisch-Indien, erfunden. Das fruchtig-scharfe Mango-Chutney ist die ideale Ergänzung.

ZUTATEN

1 kg Schweinekeule (mit Knochen)
6 Kardamomkapseln
1 TL schwarze Pfefferkörner
4 Chilis, getrocknet
1 TL Gewürznelken
eine ca. 10 cm lange Zimtstange, grob zerkleinert
1 TL Kreuzkümmelsamen
½ TL Kurkuma, gemahlen
½ TL Koriandersamen
¼ TL Fenchelsamen
4 EL heller Essig

1 EL dunkler Essig
4 EL Öl
2 Zwiebeln, in dünne Ringe geschnitten
10 Knoblauchzehen, in dünne Scheiben geschnitten
ein ca. 5 cm großes Stück Ingwer, in Stifte geschnitten
3 reife Tomaten, grob zerkleinert
4 grüne Chilis, klein gehackt
1 TL weicher, brauner Zucker oder Jaggery (unraffinierter Palmzucker)
grünes Mango-Chutney (Rezept auf der vorigen Seite)

Befreien Sie das Schweinefleisch von überschüssigem Fett, entfernen Sie den Knochen (bitte aufheben!) und schneiden Sie das Fleisch in 2,5 cm große Würfel. Öffnen Sie die Kardamomkapseln und entfernen Sie die darin enthaltenen Samen. Nehmen Sie dann einen Mörser und zerstoßen Sie die Gewürze. Geben Sie die gemahlenen Gewürze zusammen mit dem Essig in eine große Schüssel, fügen Sie das Schweinefleisch hinzu und vermischen Sie die Zutaten. Decken Sie die Schüssel ab, stellen Sie sie in den Kuhlschrank und marinieren Sie das Schweinefleisch etwa 3 Stunden darin.
Erhitzen Sie das Öl in einer Karahi (indischer Wok) oder einer Kasserolle und braten Sie die Zwiebeln darin bei niedriger Hitze hellbraun an. Fügen Sie den Knoblauch, den Ingwer, die Tomaten und die Chilis hinzu und rühren Sie alles gut durch. Geben Sie dann das Schweinefleisch dazu und braten Sie das Fleisch auf höchster Stufe 3–5 Minuten lang kräftig an, bis es braun ist. Gießen Sie 250 ml Wasser und die restliche Marinade über das Fleisch, reduzieren Sie danach die Hitze und lassen Sie das Ganze bei mittlerer Hitze gleichmäßig weitergaren. Fügen Sie den Jaggery und den Knochen hinzu, decken Sie die Karahi bzw. die Kasserolle zu und lassen Sie alles unter gelegentlichem Rühren etwa 1 ½ Stunden lang köcheln, bis das Fleisch ganz zart ist. Entfernen Sie danach den Knochen, fügen Sie je nach persönlichem Geschmack noch etwas Salz hinzu und servieren Sie das Vindaloo zusammen mit dem Mango-Chutney.

Zubereitungszeit 20 Minuten + 3 Stunden Marinieren ✳ Kochzeit 1 Stunde 50 Minuten ✳ ergibt 4 Portionen

Chow Chow

ZUTATEN

650 g Blumenkohl, in kleine Röschen geteilt

1 kleine libanesische Gurke, geschält, entkernt, in 2 cm großen Würfeln

375 g grüne Bohnen, geputzt und in 3 cm lange Stücke geschnitten

1 rote und 1 grüne Paprika, in Würfel geschnitten

1 l Apfelessig

230 g weicher, brauner Zucker, fest zusammengepresst

2 EL Senfpulver

2 EL gelbe Senfkörner

2 EL Kurkuma, gemahlen

1 Prise Cayennepfeffer

60 g Allzweckmehl

420 g rote Kidneybohnen aus der Dose, abgetropft und gewaschen

310 g Maiskörner aus der Dose, abgetropft

Blanchieren Sie zuerst die Blumenkohlröschen in kochendem Wasser, dann die Gurkenstückchen, dann die Bohnen und zum Schluss die Paprikawürfel. Lassen Sie das Gemüse nach dem Blanchieren etwas abtropfen, kühlen Sie es anschließend unter fließend kaltem Wasser ab und stellen Sie es beiseite. Behalten Sie 250 ml Essig zurück und geben Sie den übrigen Essig zusammen mit dem Zucker, dem Senfpulver, den Senfkörnern, der Kurkuma und dem Cayennepfeffer in einem großen Topf. Rühren Sie die Mischung anschließend auf kleiner Flamme, bis der Zucker vollständig gelöst ist.
Verquirlen Sie den zurückbehaltenen Essig mit dem Mehl und geben Sie die Mischung zu den Gewürzen. Vermengen Sie danach alle Zutaten und lassen Sie die Masse bei mittlerer Hitze etwa 5 Minuten lang kochen. Fügen Sie das blanchierte Gemüse, die Kidneybohnen und die Maiskörner hinzu und rühren Sie die Masse noch einmal kräftig durch. Bringen Sie sie für weitere 5 Minuten zum Kochen.
Füllen Sie das Chow Chow dann mit Hilfe eines Löffels sofort in saubere, warme Gläser und verschließen Sie diese sorgfältig. Stellen Sie die Gläser 2 Minuten lang auf den Kopf, drehen Sie sie anschließend wieder um und lassen Sie sie auskühlen. Beschriften und datieren Sie sie und lassen Sie das Chow Chow vor dem Öffnen mindestens 1 Monat lang stehen, damit sich sein Geschmack voll entfalten kann. Die Gläser können an einem kühlen, dunklen Ort etwa 12 Monate lang gelagert werden. Nach dem Öffnen sollten Sie sie im Kühlschrank aufbewahren und innerhalb von 6 Wochen verbrauchen.

Zubereitungszeit 30 Minuten * Kochzeit 20 Minuten

Nektarinen-Zitronengras-Chutney

ZUTATEN

3 große grüne Chilis

3 Stängel Zitronengras (nur der weiße Teil)

1,5 kg Nektarinen, entkernt und grob gewürfelt

3 Knoblauchzehen, klein gehackt

2 EL frischer Ingwer, gerieben

1 große Zwiebel, geschnitten

2 TL Koriander, gemahlen

500 ml Weißweinessig

280 g weicher, brauner Zucker, leicht zusammengepresst

Halbieren Sie die Chilis, entfernen Sie von zweien die Kerne und schneiden Sie alle Chilis klein. Zerdrücken Sie die Zitronengrasstängel leicht mit der Rückseite eines Messers und schneiden Sie sie anschließend in dünne Scheiben.

Geben Sie alle Zutaten in einen großen Topf und fügen Sie 1 TL Salz hinzu. Rühren Sie die Mischung dann auf kleiner Flamme, bis der Zucker vollständig gelöst ist (dies wird etwa 5 Minuten dauern).

Bringen Sie die Masse anschließend zum Kochen, reduzieren Sie danach die Hitze und lassen Sie das Chutney 45–50 Minuten köcheln, bis es dick geworden ist. Rühren Sie dabei häufig um, damit die Masse nicht anbrennt.

Füllen Sie das Chutney mit Hilfe eines Löffels sofort in saubere, warme Gläser und verschließen Sie diese sorgfältig. Stellen Sie die Gläser 2 Minuten lang auf den Kopf, drehen Sie sie anschließend wieder um und lassen Sie sie auskühlen. Beschriften und datieren Sie sie und lassen Sie das Chutney vor dem Öffnen mindestens 1 Monat lang stehen, damit sich sein Geschmack voll entfalten kann. Die Gläser können an einem kühlen, dunklen Ort etwa 12 Monate lang gelagert werden. Nach dem Öffnen sollten Sie sie im Kühlschrank aufbewahren und innerhalb von 6 Wochen verbrauchen.

Hinweis: WENN SIE CHILIS VERARBEITEN, SOLLTEN SIE ZUM SCHUTZ IHRER HÄNDE GRUNDSÄTZLICH HANDSCHUHE TRAGEN, DENN DADURCH SIND IHRE FINGER OPTIMAL VOR DER SCHÄRFE DER SAMEN UND DES FRUCHTFLEISCHES GESCHÜTZT.

Zubereitungszeit 25 Minuten ✦ Kochzeit 1 Stunde

Chili-Paprika-Relish

ZUTATEN

4 große rote Paprika

2 große Zwiebeln, grob gehackt

1 rote Chili

2 Knoblauchzehen

500 ml Weißweinessig

etwa 1,5 kg Zucker

Vierteln Sie die Paprika, entfernen Sie die Kerne und die weiße Innenhaut und schneiden Sie das Fruchtfleisch klein. Geben Sie es dann zusammen mit den Zwiebeln, der Chili, dem Knoblauch und etwas Salz in einen Mixer und verrühren Sie alles zu einer glatten Masse (eventuell müssen Sie die Gemüsemischung portionsweise in den Mixer geben). Füllen Sie das Ganze anschließend in einen großen Topf.

Fügen Sie den Essig hinzu, bringen Sie die Masse zum Kochen und lassen Sie sie anschließend 10–15 Minuten lang kochen, bis alle Zutaten weich geworden sind. Wiegen Sie zuerst die Paprikamischung, dann eine ebenso große Menge Zucker ab und vermischen Sie beides. Rühren Sie die Masse, bis der Zucker vollständig gelöst ist, und bringen Sie sie anschließend zum Kochen. Streichen Sie nun mit einem Backpinsel an den Innenseiten des Topfes entlang, um überschüssige Zuckerkristalle zu entfernen, und schöpfen Sie sämtlichen Schaum ab.

Lassen Sie das Relish 15 Minuten lang unter häufigem Rühren kochen, reduzieren Sie danach die Hitze und lassen Sie es anschließend weiterköcheln, bis die Masse dick geworden ist (ca. ½ Stunde).

Füllen Sie das Relish mit Hilfe eines Löffels sofort in saubere, warme Gläser und verschließen Sie diese sorgfältig. Stellen Sie die Gläser 2 Minuten lang auf den Kopf, drehen Sie sie anschließend wieder um und lassen Sie sie auskühlen. Beschriften und datieren Sie sie und lassen Sie das Relish vor dem Öffnen mindestens 1 Monat lang stehen, damit sich sein Geschmack voll entfalten kann. Die Gläser können an einem kühlen, dunklen Ort etwa 12 Monate lang gelagert werden. Nach dem Öffnen sollten Sie sie im Kühlschrank aufbewahren und innerhalb von 6 Wochen verbrauchen.

Hinweis: MIT HILFE EINES BACKPINSELS KÖNNEN SIE DIE TOPFINNENSEITEN VON FESTKLEBENDEN ZUCKERKRISTALLEN BEFREIEN. WERDEN DIESE KRISTALLE NICHT ENTFERNT, IST DIE GEFAHR GROSS, DASS DAS RELISH SPÄTER KRISTALLISIERT.

Zubereitungszeit 15 Minuten ✳ Kochzeit 1 Stunde

Bananen-Tamarinden-Dattel-Chutney

ZUTATEN

125 g Tamarindenfruchtfleisch

90 g extrafeiner Zucker

1 TL Kreuzkümmel, gemahlen

½ TL Cayennepfeffer

2 EL frischer Ingwer, gerieben

250 g Datteln, entsteint und klein geschnitten

60 g Mandeln, gestiftelt

8 feste reife Bananen, in Stücke geschnitten

Geben Sie das Tamarindenfruchtfleisch zusammen mit 750 ml kochendem Wasser in eine Schüssel. Heben Sie das Fruchtfleisch anschließend aus der Flüssigkeit, lassen Sie es etwas auskühlen und brechen Sie es dann mit Hilfe einer Gabel auseinander. Geben Sie es in ein Sieb, pressen Sie so viel Flüssigkeit aus dem Fruchtfleisch wie möglich und werfen Sie dabei die Kerne weg.

Geben Sie das ausgepresste Fruchtfleisch zusammen mit dem Zucker, dem Kreuzkümmel, dem Cayennepfeffer und 1 TL Salz in einen großen Topf und rühren Sie alles auf kleiner Flamme, bis der Zucker vollständig gelöst ist. Fügen Sie den Ingwer, die Datteln und die Mandeln hinzu und bringen Sie die Masse zum Kochen. Reduzieren Sie danach die Hitze und lassen Sie die Masse 20 Minuten lang köcheln. Geben Sie anschließend die Bananen dazu und lassen Sie alles unter häufigem Rühren etwa 30 Minuten lang kochen, bis die Masse weich und breiig geworden ist.

Füllen Sie das Chutney mit Hilfe eines Löffels sofort in saubere, warme Gläser und verschließen Sie diese sorgfältig. Stellen Sie die Gläser 2 Minuten lang auf den Kopf, drehen Sie sie anschließend wieder um und lassen Sie sie auskühlen. Beschriften und datieren Sie sie und lassen Sie das Chutney vor dem Öffnen mindestens 1 Monat lang stehen, damit sich sein Geschmack voll entfalten kann. Die Gläser können an einem kühlen, dunklen Ort etwa 12 Monate lang gelagert werden. Nach dem Öffnen sollten Sie sie im Kühlschrank aufbewahren und innerhalb von 6 Wochen verbrauchen.

Hinweis: TAMARINDENFRUCHTFLEISCH ERHALTEN SIE IN ASIALÄDEN.

Zubereitungszeit 25 Minuten ✷ Kochzeit 45 Minuten

Banana
Tamarind
& Date
Chutney
...tney

Blaubeer-Relish

ZUTATEN

1 kg Blaubeeren

500 g Zucker

185 ml Weißweinessig

1 TL Cayennepfeffer

½ TL Piment, gemahlen

¼ TL Zimt, gemahlen

60 ml Zitronensaft

    (Kerne und Schale aufheben)

Geben Sie die Blaubeeren in einen großen Topf und fügen Sie den Zucker, den Essig, den Cayennepfeffer, das Piment, den Zimt, den Zitronensaft, 1 TL Salz und 125 ml Wasser hinzu. Schneiden Sie die Schale einer halben Zitrone in grobe Stücke und geben Sie diese zusammen mit den Zitronenkernen auf ein Stück Musselintuch. Binden sie das Tuch mit einer Schnur zu einem Beutel zusammen, geben Sie den Beutel in den Topf zu den übrigen Zutaten und rühren Sie das Ganze dann auf kleiner Flamme 5 Minuten lang, bis der Zucker vollständig gelöst ist.

Bringen Sie die Masse anschließend zum Kochen, reduzieren Sie danach die Hitze und lassen Sie die Masse unter häufigem Umrühren 50–55 Minuten lang köcheln, bis das Relish dickflüssig ist.

Füllen Sie das Blaubeer-Relish mit Hilfe eines Löffels sofort in saubere, warme Gläser und verschließen Sie diese sorgfältig. Stellen Sie die Gläser dann 2 Minuten lang auf den Kopf, drehen Sie sie anschließend wieder um und lassen Sie sie auskühlen. Beschriften und datieren Sie sie und lassen Sie das Relish vor dem Öffnen mindestens 1 Monat lang stehen, damit sich sein Geschmack voll entfalten kann. Die Gläser können an einem kühlen, dunklen Ort etwa 12 Monate lang gelagert werden. Nach dem Öffnen sollten Sie sie im Kühlschrank aufbewahren und innerhalb von 6 Wochen verbrauchen.

Hinweis: BLAUBEEREN SIND ÄUSSERST ZARTE FRÜCHTE. SIE DÜRFEN NICHT ZU LANGE GEKOCHT WERDEN, SONST WERDEN SIE SCHNELL MATSCHIG.

Zubereitungszeit 15 Minuten ∗ Kochzeit 1 Stunde

Chutney aus gebratenen Pfirsichen

ZUTATEN

2 kg reife Pfirsiche der Sorte „Slipstone"

2 Zwiebeln, in dünne Ringe geschnitten

2 Knoblauchzehen, zerdrückt

375 g Zucker

600 ml Apfelessig

1 EL gelbe Senfkörner

2 Zimtstangen

1 TL Ingwer, gemahlen

Heizen Sie den Backofen auf 210 °C/Gas Stufe 6–7 vor und schneiden Sie die Pfirsiche auf der Unterseite kreuzweise ein. Geben Sie die Pfirsiche in eine hitzebeständige Schale und übergießen Sie sie mit kochendem Wasser. Lassen Sie sie 30 Sekunden lang stehen, übergießen Sie sie dann mit kaltem Wasser und schälen Sie die Haut ab. Halbieren Sie die Pfirsiche und entfernen Sie dabei die Kerne.

Legen Sie 2–3 rechteckige Backbleche mit Backpapier aus, geben Sie die Pfirsichhälften nebeneinander auf das Papier und lassen Sie sie anschließend etwa 30 Minuten lang im Ofen braten, bis sie an den Rändern langsam braun werden (Vorsicht, die Früchte verlieren dabei viel Saft!). Geben Sie die Pfirsiche mitsamt dem Saft in einen großen Topf und fügen Sie die Zwiebeln, den Knoblauch, den Zucker, die Senfkörner, den Essig, die Zimtstangen und den Ingwer hinzu. Rühren Sie alles bei niedriger Hitze, bis der Zucker vollständig gelöst ist.

Bringen Sie die Masse anschließend zum Kochen, reduzieren Sie danach die Hitze und lassen Sie die Masse 1 ¼–1 ½ Stunden lang köcheln, bis sie dickflüssig geworden ist. Rühren Sie das Chutney während des Kochens von Zeit zu Zeit um, damit es nicht anbrennt, und entfernen Sie danach die Zimtstangen. Füllen Sie das Chutney mit Hilfe eines Löffels sofort in saubere, warme Gläser und verschließen Sie diese sorgfältig. Stellen Sie die Gläser dann 2 Minuten lang auf den Kopf, drehen Sie sie anschließend wieder um und lassen Sie sie auskühlen. Beschriften und datieren Sie sie und lassen Sie das Pfirsich-Chutney vor dem Öffnen mindestens 1 Monat lang stehen, damit sich sein Geschmack voll entfalten kann. Die Gläser können an einem kühlen, dunklen Ort etwa 12 Monate lang gelagert werden. Nach dem Öffnen sollten Sie sie im Kühlschrank aufbewahren und innerhalb von 6 Wochen verbrauchen.

Zubereitungszeit 30 Minuten ✳ Kochzeit 2 Stunden

Paprika-Relish

ZUTATEN

1 kg rote Paprika

375 ml Rotweinessig

2 TL schwarze Senfkörner

2 rote Zwiebeln, in dünne Ringe geschnitten

4 Knoblauchzehen, klein gehackt

1 TL frischer Ingwer, gerieben

2 Äpfel, geschält, entkernt und gerieben

1 TL schwarze Pfefferkörner

230 g weicher, brauner Zucker,
   fest zusammengepresst

Entfernen Sie die Kerne und die weiße Innenhaut der Paprika, schneiden Sie das Fruchtfleisch in dünne Streifen und geben Sie diese zusammen mit dem Essig, den Senfkörnern, den Zwiebeln, dem Knoblauch, dem Ingwer und den Äpfeln in einen großen Topf. Legen Sie die Pfefferkörner auf ein Stück Musselintuch, binden Sie das Tuch zu einem Beutel zusammen und geben Sie diesen dann zu den übrigen Zutaten in den Topf. Lassen Sie die Masse anschließend 30 Minuten lang köcheln, bis die Paprikastreifen weich geworden sind.

Fügen Sie den Zucker hinzu und rühren Sie die Mischung auf kleiner Flamme, bis der Zucker vollständig gelöst ist. Bringen Sie sie anschließend unter häufigem Rühren zum Kochen, reduzieren Sie danach die Hitze und lassen Sie die Mischung etwa 1 ¼ Stunden lang kocheln, bis sie dickflüssig geworden ist. Entfernen Sie den Musselinbeutel.

Füllen Sie das Paprika-Relish mit Hilfe eines Löffels sofort in saubere, warme Gläser und verschließen Sie diese sorgfältig. Stellen Sie die Gläser dann 2 Minuten lang auf den Kopf, drehen Sie sie anschließend wieder um und lassen Sie sie auskühlen. Beschriften und datieren Sie sie und lassen Sie das Relish vor dem Öffnen mindestens 1 Monat lang stehen, damit sich sein Geschmack voll entfalten kann. Die Gläser können an einem kühlen, dunklen Ort etwa 12 Monate lang gelagert werden. Nach dem Öffnen sollten Sie sie im Kühlschrank aufbewahren und innerhalb von 6 Wochen verbrauchen.

Zubereitungszeit 40 Minuten ✳ Kochzeit 1 Stunde 50 Minuten

AM LIEBSTEN FRISCH

Viele Leute kennen Rote Bete nur aus
dem Glas, doch sie frisch zu verarbeiten,
ist eigentlich auch kein besonders großer
Aufwand und der Mühe allemal wert. Achten
Sie darauf, dass Sie nur Rüben kaufen, die in
etwa dieselbe Größe haben, und verwenden
Sie keine allzu großen Exemplare, denn
diese schmecken oft holzig. Die Blätter
und Wurzeln der Roten Bete
sollten frisch aussehen.

Rote Bete-Relish

ZUTATEN

750 g frische Rote Bete, geschält und grob gerieben

1 Zwiebel, klein geschnitten

400 g grüne Äpfel, geschält, entkernt und klein geschnitten

410 ml Weißweinessig

95 g weicher, brauner Zucker, leicht zusammengepresst

125 g Zucker

2 EL Zitronensaft

Geben Sie alle Zutaten zusammen mit 2 TL Salz in einen großen Topf und rühren Sie die Masse auf kleiner Flamme, bis der Zucker vollständig gelöst ist. Bringen Sie sie anschließend zum Kochen und lassen Sie sie unter häufigem Rühren 20–30 Minuten lang kochen, bis die Rote Bete und die Zwiebeln weich geworden sind und das Relish deutlich eingedickt ist.

Füllen Sie das Relish dann mit Hilfe eines Löffels sofort in saubere, warme Gläser und verschließen Sie diese sorgfältig. Stellen Sie die Gläser 2 Minuten lang auf den Kopf, drehen Sie sie anschließend wieder um und lassen Sie sie auskühlen. Beschriften und datieren Sie sie und lassen Sie das Relish vor dem Öffnen mindestens 1 Monat lang stehen, damit sich sein Geschmack voll entfalten kann. Die Gläser können an einem kühlen, dunklen Ort etwa 12 Monate lang gelagert werden. Nach dem Öffnen sollten Sie sie im Kühlschrank aufbewahren und innerhalb von 6 Wochen verbrauchen.

Zubereitungszeit 25 Minuten ✦ Kochzeit 35 Minuten

Kürbis-Chutney mit Gewürzen

ZUTATEN

1 kg Kürbis, geschält und in kleine Stücke geschnitten

2 EL Öl

2 TL Kreuzkümmelsamen

½ TL Zimt, gemahlen

½ TL Koriander, gemahlen

1 Zwiebel, klein geschnitten

2 Knoblauchzehen, zerdrückt

60 g Sultaninen

80 g weicher, brauner Zucker, fest zusammengepresst

125 ml Malzessig

185 ml Orangensaft

1 EL frische Korianderblätter, klein geschnitten

Heizen Sie den Backofen auf 200 °C/Gas Stufe 6 vor und geben Sie die Kürbisstücke in eine Auflaufform. Beträufeln Sie sie anschließend mit dem Öl und lassen Sie sie dann 40 Minuten lang im Ofen backen. Geben Sie den Kürbis zusammen mit den übrigen Zutaten (außer den Korianderblättern) in einen großen Topf. Fügen Sie ½ TL Salz hinzu und bringen Sie die Mischung zum Kochen. Reduzieren Sie danach die Hitze und lassen Sie die Mischung unter häufigem Rühren 10–15 Minuten lang kochen, bis sie etwas eindickt.

Rühren Sie anschließend die klein geschnittenen Korianderblätter unter und nehmen Sie den Topf vom Herd.

Füllen Sie das Kürbis-Chutney mit Hilfe eines Löffels sofort in saubere, warme Gläser und verschließen Sie diese sorgfältig. Stellen Sie die Gläser 2 Minuten lang auf den Kopf, drehen Sie sie anschließend wieder um und lassen Sie sie auskühlen. Beschriften und datieren Sie sie und lassen Sie das Chutney vor dem Öffnen mindestens 1 Monat lang stehen, damit sich sein Geschmack voll entfalten kann. Die Gläser können an einem kühlen, dunklen Ort etwa 12 Monate lang gelagert werden. Nach dem Öffnen sollten Sie sie im Kühlschrank aufbewahren und innerhalb von 6 Wochen verbrauchen.

Hinweis: DAMIT DAS CHUTNEY SCHÖN DICKFLÜSSIG UND STÜCKIG WIRD, SOLLTEN SIE SORTEN MIT HÄRTEREM FRUCHTFLEISCH VERWENDEN, DIE LÄNGER GEKOCHT WERDEN MÜSSEN, Z.B. QUEENSLAND BLUE ODER JARRAHDALE.

Zubereitungszeit 20 Minuten ✷ Kochzeit 55 Minuten

Ananas-Chutney

ZUTATEN

1 kg reife Ananas

2 Zwiebeln, klein geschnitten

½ TL Ingwer, gemahlen

½ TL Gewürznelken, gemahlen

1 TL Zimt, gemahlen

165 g weicher, brauner Zucker,
  fest zusammengepresst

125 ml Weißweinessig

60 g Rosinen

Schälen Sie die Ananas und achten Sie dabei darauf, dass keine braunen Stellen mehr im Fruchtfleisch zurückbleiben. Vierteln Sie die Ananas, entfernen Sie den harten Strunk in der Mitte und schneiden Sie das Fruchtfleisch anschließend in Würfel. Vermengen Sie es mit den Zwiebeln, dem Ingwer, den Gewürznelken, dem Zimt, dem Zucker, dem Essig und den Rosinen in einem großen Topf und rühren Sie dann alles auf kleiner Flamme, bis der Zucker vollständig gelöst ist.

Bringen Sie die Mischung zum Kochen, reduzieren Sie danach die Hitze und lassen Sie die Mischung unter häufigem Umrühren etwa 1 ½ Stunden lang köcheln, bis sie merklich eingedickt und die Ananas weich geworden ist.

Füllen Sie das Ananas-Chutney mit Hilfe eines Löffels sofort in saubere, warme Gläser und verschließen Sie diese sorgfältig. Stellen Sie die Gläser dann 2 Minuten lang auf den Kopf, drehen Sie sie anschließend wieder um und lassen Sie sie auskühlen. Beschriften und datieren Sie sie und lassen Sie das Chutney vor dem Öffnen mindestens 1 Monat lang stehen, damit sich sein Geschmack voll entfalten kann. Die Gläser können an einem kühlen, dunklen Ort etwa 12 Monate lang gelagert werden. Nach dem Öffnen sollten Sie sie im Kühlschrank aufbewahren und innerhalb von 6 Wochen verbrauchen.

Hinweis: EINE REIFE ANANAS ERKENNEN SIE DARAN, DASS SIE DAS CHARAKTERISTISCHE ANANASAROMA VERSTRÖMT UND DAS MITTELBLATT DES BLATTSCHOPFES AUSSERDEM LEICHT HERAUSGEZOGEN WERDEN KANN.

Zubereitungszeit 30 Minuten * Kochzeit 1 Stunde 35 Minuten

Herbstliches Chutney

ZUTATEN

500 g feste Birnen, geschält, entkernt und klein geschnitten

500 g grüne Äpfel, geschält, entkernt und klein geschnitten

500 g Tomaten, geschält und klein geschnitten

500 g Zwiebeln, klein geschnitten

5 Selleriestangen, in Scheiben geschnitten

3 Knoblauchzehen, in dünne Scheiben geschnitten

2 TL frischer Ingwer, gerieben

350 g Sultaninen

1 l Weißweinessig

2 TL Zimt, gemahlen

2 TL Ingwer, gemahlen

460 g weicher, brauner Zucker, leicht zusammengepresst

Geben Sie alle Zutaten bis auf den Zucker in einen großen Topf und bringen Sie die Mischung anschließend zum Kochen. Reduzieren Sie danach die Hitze und lassen Sie die Mischung etwa 45 Minuten lang sachte köcheln.

Fügen Sie dann den Zucker hinzu und rühren Sie die Mischung, bis der Zucker vollständig gelöst ist. Bringen Sie sie danach erneut zum Kochen und lassen Sie sie unter häufigem Rühren 30–35 Minuten lang kochen, bis das Chutney merklich eingedickt ist.

Füllen Sie das Chutney mit Hilfe eines Löffels sofort in saubere, warme Gläser und verschließen Sie diese sorgfältig. Stellen Sie die Gläser dann 2 Minuten lang auf den Kopf, drehen Sie sie anschließend wieder um und lassen Sie sie auskühlen. Beschriften und datieren Sie sie und lassen Sie das Chutney vor dem Öffnen mindestens 1 Monat lang stehen, damit sich sein Geschmack voll entfalten kann. Die Gläser können an einem kühlen, dunklen Ort etwa 12 Monate lang gelagert werden. Nach dem Öffnen im Kühlschrank aufbewahren.

Zubereitungszeit 25 Minuten ＊ Kochzeit 1 Stunde 25 Minuten

Piccalilli

ZUTATEN

400 g Blumenkohl, in Röschen geteilt

1 kleine Gurke, in Stücke geschnitten

200 g grüne Bohnen, in 2 cm lange Stücke geschnitten

1 Zwiebel, klein geschnitten

2 Karotten, klein geschnitten

2 Selleriestangen, klein geschnitten

100 g Salz

250 g Zucker

1 EL Senfpulver

2 TL Kurkuma, gemahlen

1 TL Ingwer, gemahlen

1 frische rote Chili, entkernt und klein geschnitten

1 l Weißweinessig

200 g tiefgefrorene Saubohnen, aufgetaut und geschält

60 g Allzweckmehl

Vermischen sie den Blumenkohl mit der Gurke, den Bohnen, den Zwiebeln, den Karotten, dem Sellerie und dem Salz in einer großen Schüssel und gießen Sie so viel Wasser auf, dass das Gemüse gerade bedeckt ist. Weichen Sie die Mischung über Nacht ein.

Lassen Sie das Gemüse gut abtropfen und waschen Sie es gründlich ab. Lassen Sie es erneut abtropfen und verrühren Sie es dann mit dem Zucker, dem Senf, der Kurkuma, dem Ingwer, der Chili und 815 ml Essig. Bringen Sie die Mischung zum Kochen, reduzieren Sie danach die Hitze und lassen Sie die Mischung ca. 3 Minuten lang sachte köcheln. Rühren Sie die Saubohnen ein und schöpfen Sie den Schaum ab. Vermischen Sie das Mehl mit dem restlichen Essig, geben Sie diese Mischung unter die Gemüsemasse und rühren Sie das Relish, bis es kocht und zunehmend dickflüssiger wird. Füllen Sie das Piccalilli dann mit Hilfe eines Löffels sofort in saubere, warme Gläser und verschließen Sie diese sorgfältig. Stellen Sie die Gläser 2 Minuten lang auf den Kopf, drehen Sie sie anschließend wieder um und lassen Sie sie auskühlen. Lassen Sie das Relish vor dem Öffnen mindestens 1 Monat lang stehen, damit sich sein Geschmack voll entfalten kann. Die Gläser können an einem kühlen, dunklen Ort etwa 12 Monate lang gelagert werden. Nach dem Öffnen im Kühlschrank aufbewahren und innerhalb von 6 Wochen verbrauchen.

Zubereitungszeit 30 Minuten + Einweichen über Nacht * Kochzeit 10 Minuten

Relish aus gebratenen Tomaten

ZUTATEN

2 kg Tomaten, halbiert

2 Zwiebeln, klein geschnitten

2 kleine rote Chilis, entkernt und klein geschnitten

1 TL Paprikapulver (oder ungarischer geräucherter Paprika)

350 ml Weißweinessig

340 g Zucker

60 ml Zitronensaft

1 TL Zitronenschale, gerieben

Heizen Sie den Backofen auf 150 °C/Gas Stufe 2 vor und legen Sie ein Backblech zuerst mit Aluminiumfolie, dann mit Backpapier aus. Legen Sie die Tomatenhälften mit der Schnittfläche nach oben auf das Blech und lassen Sie sie 1 Stunde lang im Ofen garen. Bestreuen Sie sie mit den Zwiebeln und lassen Sie sie nochmals 1 Stunde lang garen.

Lassen Sie die Tomaten etwas auskühlen, schälen Sie die Haut ab und schneiden Sie das Fruchtfleisch dann in kleine Stücke. Geben Sie die Tomaten, die Zwiebeln, die Chilis, das Paprikapulver, den Essig, den Zucker, den Zitronensaft, die Zitronenschale und 2 TL Salz in einen großen Topf und rühren Sie alles, bis der Zucker vollständig aufgelöst ist.

Bringen Sie die Mischung anschließend zum Kochen, reduzieren Sie danach die Hitze und lassen Sie die Mischung etwa 45 Minuten lang köcheln, bis das Relish dickflüssig geworden ist. Rühren Sie dabei häufig um, damit die Masse nicht anbrennt.

Füllen Sie das Tomaten-Relish mit Hilfe eines Löffels sofort in saubere, warme Gläser und verschließen Sie diese sorgfältig. Stellen Sie die Gläser dann 2 Minuten lang auf den Kopf, drehen Sie sie anschließend wieder um und lassen Sie sie auskühlen. Beschriften und datieren Sie sie und lassen Sie das Relish vor dem Öffnen mindestens 1 Monat lang stehen, damit sich sein Geschmack voll entfalten kann. Die Gläser können an einem kühlen, dunklen Ort etwa 12 Monate lang gelagert werden. Nach dem Öffnen sollten Sie sie im Kühlschrank aufbewahren und innerhalb von 6 Wochen verbrauchen.

Hinweis: GERÄUCHERTES UNGARISCHES PAPRIKAPULVER VERLEIHT DIESEM TOMATENRELISH EIN WUNDERVOLL RAUCHIGES AROMA. SIE ERHALTEN ES IN GEWÜRZLÄDEN UND DELIKATESSENGESCHÄFTEN.

Zubereitungszeit 20 Minuten ✦ Kochzeit 2 Stunden 50 Minuten

Käsecrêpes *mit Tomaten-Relish*

Die ungefüllten Crêpes können bis zu 3 Tage im Voraus zubereitet werden. Sie sollten sie dann allerdings im Kühlschrank aufbewahren und durch Backpapierschichten voneinander trennen, damit sie nicht zusammenkleben.

ZUTATEN

CRÊPES

165 g Allzweckmehl

500 ml Milch

3 Eier, leicht verquirlt

30 g geschmolzene Butter

KÄSEFÜLLUNG

400 g Ricotta, zerkrümelt

100 g Mozzarella, gerieben

25 g Parmesan, frisch gerieben

3 EL glatte Petersilie, fein gehackt

1 Prise Muskat

Relish aus gebratenen Tomaten
   (Rezept auf der vorigen Seite)

25 g Parmesan, frisch gerieben

2 EL natives Olivenöl extra

Sieben Sie für die Crêpes das Mehl und ½ TL Salz in eine Schüssel und formen Sie in der Mitte eine Vertiefung. Gießen Sie nun die Milch unter Rühren ein, bis der Teig glatt geworden ist, und rühren Sie dann ganz langsam die Eiermasse unter. Stellen Sie den Teig zugedeckt 30 Minuten lang beiseite. Erhitzen Sie eine beschichtete Bratpfanne und fetten Sie sie mit der Butter ein. Geben Sie 60 ml Teig in die Pfanne und verteilen Sie diesen gleichmäßig auf dem Pfannenboden. Backen Sie die Crêpe etwa 1 Minute lang, bis die Unterseite goldgelb geworden ist, drehen Sie sie anschließend um und backen Sie sie auf der anderen Seite ebenfalls etwa 1 Minute lang. Geben Sie die Crêpe auf einen Teller und verfahren Sie ebenso mit dem restlichen Teig.

Heizen Sie den Backofen auf 200 °C/Gas Stufe 6 vor und fetten Sie eine flache Auflaufform ein. Vermischen Sie für die Füllung die verschiedenen Käsesorten mit Petersilie und 1 Prise Muskat und würzen Sie die Masse anschließend kräftig mit Salz und Pfeffer. Verteilen Sie nun auf jeder Crêpe 1 gestrichenen TL Käsefüllung und lassen Sie dabei am Rand 1 cm Platz. Falten Sie die Crêpes zuerst auf die Hälfte, dann auf ein Viertel und legen Sie die Crêpes dicht nebeneinander in eine Auflaufform. Geben Sie nun das Tomaten-Relish über die Crêpes, bestreuen Sie sie mit frisch geriebenem Parmesan und träufeln Sie etwas Olivenöl darüber. Lassen Sie die Crêpes anschließend noch ca. 20 Minuten lang im Ofen backen.

Zubereitungszeit 25 Minuten * Backzeit 1 Stunde 10 Minuten * ergibt etwa 12 Stück

Traditionelle Chilikonfitüre

ZUTATEN

8 große rote Chilis, getrocknet

2 Knollen Knoblauch

300 g rote Schalotten (asiatische oder französische)

250 ml Erdnussöl

100 g kleine Shrimps, getrocknet

1 TL Shrimpspaste

120 g Palmzucker, fein zerrieben

3 EL Tamarindenmark

2 TL Zitronenschale, fein gerieben

Entfernen Sie die Stiele und Kerne der Chilis und brechen Sie sie in grobe Stücke. Geben Sie sie in eine Schüssel, übergießen Sie sie mit heißem Wasser und lassen Sie sie anschließend 15 Minuten lang stehen. Zerteilen Sie die Knoblauchknollen in einzelne Zehen, schälen Sie die Zehen ab und schneiden Sie sie anschließend in dünne Scheiben, ebenso die Schalotten. Gießen Sie die Chilis ab und tupfen Sie sie trocken.

Erhitzen Sie die Hälfte des Öls bei niedriger bis mittlerer Hitze in einem Wok und braten Sie den Knoblauch, die Schalotten und die Chilis unter häufigem Rühren goldgelb darin an. Nehmen Sie anschließend alle Zutaten aus dem Wok und legen Sie sie zum Abtropfen auf ein Stück Küchenpapier.

Geben Sie die getrockneten Shrimps in eine Mörserschale (eine Gewürzmühle oder ein Mixer gehen auch) und zerreiben Sie sie anschließend mit dem Stößel. Fügen Sie dann die Shrimpspaste und die angebratene Knoblauch-Schalotten-Chili-Mischung hinzu und verrühren Sie alle Zutaten zu einer glatten Paste.

Erhitzen Sie den Wok und geben Sie das restliche Öl sowie die Shrimps-Knoblauch-Chili-Paste hinein. Lassen Sie die Mischung unter gelegentlichem Rühren etwa 5 Minuten lang kochen und rühren Sie die restlichen Zutaten, 1 TL Salz sowie 100 ml Wasser unter. Bringen Sie die Mischung anschließend zum Kochen, lassen Sie sie unter ständigem Rühren 5–8 Minuten lang kochen, bis sie merklich eingedickt ist.

Füllen Sie die Konfitüre mit Hilfe eines Löffels sofort in saubere, warme Gläser und verschließen Sie diese sorgfältig. Die Gläser können an einem kühlen, dunklen Ort 6–12 Monate lang gelagert werden. Nach dem Öffnen sollten Sie die Chilikonfitüre im Kühlschrank aufbewahren und innerhalb von 6 Wochen verbrauchen.

Hinweis: DIE GETROCKNETEN SHRIMPS, DIE SHRIMPSPASTE, DEN PALMZUCKER UND DAS TAMARINDENMARK KÖNNEN SIE IN ASIATISCHEN LEBENSMITTELGESCHÄFTEN KAUFEN.

Zubereitungszeit 20 Minuten + 15 Minuten Einweichen * Kochzeit 20 Minuten

Chutney aus getrockneten Aprikosen

ZUTATEN

500 g Aprikosen, getrocknet

1 große Zwiebel, klein geschnitten

3 Knoblauchzehen, fein gehackt

2 EL frischer Ingwer, gerieben

500 ml Apfelessig

230 g weicher, brauner Zucker, fest zusammengepresst

125 g Sultaninen

2 TL Senfkörner, zerrieben

2 TL Koriandersamen, zerrieben

½ TL Kreuzkümmel, gemahlen

80 ml Orangensaft

½ TL Orangenschale, gerieben

Geben Sie die Aprikosen in eine Schüssel, übergießen Sie sie mit 2 l Wasser und weichen Sie sie 2 Stunden lang in der Flüssigkeit ein. Lassen Sie sie anschließend abtropfen und geben Sie 1 l Einweichwasser in einen großen Topf. Schneiden Sie die Aprikosen klein, geben Sie sie in den Topf und streuen Sie 1 TL Salz darüber. Fügen Sie dann die restlichen Zutaten bis auf den Orangensaft und die geriebene Orangenschale hinzu.

Rühren Sie die Mischung bei mittlerer Hitze etwa 5 Minuten lang, bis der Zucker vollständig gelöst ist, und bringen Sie sie anschließend zum Kochen. Lassen Sie sie danach zugedeckt etwa 45 Minuten lang kochen und rühren Sie sie dabei häufig um. Schöpfen Sie während des Kochens sämtlichen Schaum ab.

Rühren Sie nun den Orangensaft und die Orangenschale unter und füllen Sie das Chutney sofort in saubere, warme Gläser. Entfernen Sie die Luftblasen aus den Gläsern und verschließen Sie diese dann sorgfältig. Stellen Sie die Gläser nach dem Verschließen 2 Minuten lang auf den Kopf, drehen Sie sie danach wieder um und lassen Sie sie auskühlen. Lassen Sie die Gläser vor dem Öffnen mindestens 1 Monat lang stehen, damit sich der Geschmack des Chutneys voll entfalten kann. An einem kühlen, dunklen Ort können Sie es bis zu 12 Monate lang lagern. Geöffnete Gläser sollten Sie im Kühlschrank aufbewahren und innerhalb von 6 Wochen verbrauchen.

Hinweis: ERST DURCH DAS ZERREIBEN ENTFALTEN DIE SENFKÖRNER UND DIE KORIANDERSAMEN IHR VOLLES AROMA. SIE KÖNNEN DIE SAMEN ENTWEDER MIT EINEM MESSERRÜCKEN VORSICHTIG ZERDRÜCKEN ODER ABER MIT HILFE EINES STÖSSELS IN EINEM MÖRSER ZU FEINEM PULVER ZERREIBEN.

Zubereitungszeit 20 Minuten + 2 Stunden Einweichen ∗ Kochzeit 50 Minuten

Zuckermais-Relish

ZUTATEN

1 grüne Paprika, entkernt und klein geschnitten

1 rote Paprika, entkernt und klein geschnitten

3 x 420 g Maiskörner aus der Dose, abgetropft

1 EL gelbe Senfkörner, zerrieben
   (siehe Hinweis)

2 TL Selleriesamen, zerrieben

1 große Zwiebel, klein geschnitten

600 ml Weißwein- oder Apfelessig

2 EL Senfpulver

230 g weicher, brauner Zucker,
   fest zusammengepresst

1 TL Kurkuma, gemahlen

2 EL Speisestärke

Geben Sie alle Zutaten bis auf die Speisestärke in einen großen Topf und fügen Sie 1 TL Salz hinzu. Rühren Sie die Mischung dann auf kleiner Flamme ca. 5 Minuten lang, bis der Zucker vollständig gelöst ist, und lassen Sie sie anschließend unter häufigem Umrühren 50 Minuten lang köcheln.

Verrühren Sie die Speisestärke mit 2 EL Wasser, geben Sie sie diese Mischung zu den übrigen Zutaten in den Topf und lassen Sie das Relish dann unter ständigem Rühren 2–3 Minuten lang köcheln, bis es anfängt einzudicken. Füllen Sie die Masse mit Hilfe eines Löffels sofort in saubere, warme Gläser und verschließen Sie diese sorgfältig. Stellen Sie die Gläser dann 2 Minuten lang auf den Kopf, drehen Sie sie anschließend wieder um und lassen Sie sie auskühlen. Beschriften und datieren Sie sie und lassen Sie das Relish vor dem Öffnen mindestens 1 Monat lang stehen, damit sich sein Geschmack voll entfalten kann. Die Gläser können an einem kühlen, dunklen Ort etwa 12 Monate lang gelagert werden. Nach dem Öffnen im Kühlschrank aufbewahren.

Hinweis: DAMIT DIE SENFKÖRNER UND DIE SELLERIESAMEN IHR VOLLES AROMA ENTFALTEN KÖNNEN, ZERREIBEN SIE SIE AM BESTEN IN EINEM MÖRSER. SIE KÖNNEN SIE ABER AUCH EINFACH IN EINEN PLASTIKBEUTEL GEBEN UND MIT HILFE EINES NUDELHOLZES ZERDRÜCKEN.

Zubereitungszeit 15 Minuten ✳ Kochzeit 1 Stunde

Apfel-Dattel-Pekannuss-Chutney

ZUTATEN

2 braune Zwiebeln, klein geschnitten

1,2 kg grüne Äpfel, geschält, entkernt und
klein geschnitten

400 g Datteln, entkernt und klein geschnitten

125 g Pekannüsse, klein gehackt

2 TL Kreuzkümmelsamen

2 TL frischer Ingwer, klein geschnitten

315 ml Weißweinessig

125 g Zucker

Geben Sie die Zwiebeln zusammen mit 125 ml Wasser in einen großen Topf, bringen Sie sie zum Kochen und reduzieren Sie danach die Hitze. Lassen Sie die Zwiebeln anschließend zugedeckt zusammen mit den Äpfeln unter häufigem Rühren 10–15 Minuten lang köcheln, bis sie weich geworden sind.

Fügen Sie die Datteln, die Pekannüsse, den Kreuzkümmel, den Ingwer, den Essig, den Zucker, ½ TL Salz und 60 ml Wasser hinzu und rühren Sie alles auf kleiner Flamme ca. 5 Minuten lang, bis der Zucker vollständig gelöst ist. Lassen Sie das Chutney anschließend noch weitere 5 Minuten köcheln, bis es merklich eingedickt ist.

Füllen Sie die Masse mit Hilfe eines Löffels sofort in saubere, warme Gläser und verschließen Sie diese sorgfältig. Stellen Sie die Gläser dann 2 Minuten lang auf den Kopf, drehen Sie sie anschließend wieder um und lassen Sie sie auskühlen. Beschriften und datieren Sie sie und lassen Sie das Chutney vor dem Öffnen mindestens 1 Monat lang stehen, damit sich sein Geschmack voll entfalten kann. Die Gläser können an einem kühlen, dunklen Ort etwa 12 Monate lang gelagert werden. Nach dem Öffnen im Kühlschrank aufbewahren und innerhalb von 6 Wochen verbrauchen. Servieren Sie dazu Schweinebraten, Schinken, Aufschnitt oder Käse.

Zubereitungszeit 20 Minuten ✳ Kochzeit 45 Minuten

Chutney aus süßen Tomaten und Auberginen

ZUTATEN

2 kg reife Tomaten

500 g braune Zwiebeln, klein geschnitten

500 g schmale Auberginen, klein geschnitten

4 Knoblauchzehen, klein geschnitten

2 TL süßes Paprikapulver

2 TL braune Senfkörner, zerrieben

500 g Zucker

600 ml Weißweinessig

Schneiden Sie die Tomaten auf der Unterseite kreuzweise ein und geben Sie immer 4 oder 5 zusammen in eine hitzebeständige Schale. Übergießen Sie sie mit kochendem Wasser, lassen Sie sie 30 Sekunden lang darin liegen und schälen Sie sie dann vorsichtig ab. Schneiden sie das Fruchtfleisch in grobe Stücke und geben Sie es in einen großen Topf.

Fügen Sie die restlichen Zutaten und 2 TL Salz hinzu und rühren Sie das Ganze dann auf kleiner Flamme ca. 5 Minuten lang, bis der Zucker vollständig gelöst ist. Bringen Sie die Mischung anschließend zum Kochen, reduzieren Sie danach die Hitze und lassen Sie die Mischung unter häufigem Umrühren 50–60 Minuten lang köcheln, bis sie dickflüssig geworden ist. Schöpfen Sie während des Kochens sämtlichen Schaum mit einem Schaumlöffel oder einem geschlitzten Löffel ab und achten sie außerdem darauf, dass Sie das Chutney nicht zu stark zu erhitzen, denn dadurch würde die Flüssigkeit zu schnell verdampfen und die Aromen könnten sich nicht voll entfalten.

Gießen Sie die Masse anschließend in einen hitzebeständigen Krug, füllen Sie sie aus diesem sofort in saubere, warme Gläser und verschließen Sie die Gläser dann sorgfältig. Stellen Sie die Gläser 2 Minuten lang auf den Kopf, drehen Sie sie anschließend wieder um und lassen Sie sie auskühlen. Beschriften und datieren Sie sie und lassen Sie das Chutney vor dem Öffnen mindestens 1 Monat lang stehen, damit sich sein Geschmack voll entfalten kann. Die Gläser können an einem kühlen, dunklen Ort etwa 12 Monate lang gelagert werden. Nach dem Öffnen im Kühlschrank aufbewahren und innerhalb von 6 Wochen verbrauchen. Servieren Sie dazu Aufschnitt, Steak, Hähnchen oder Fisch.

Hinweis: UM DEN GESCHMACK DES CHUTNEYS ZU INTENSIVIEREN, SOLLTEN SIE FÜR DIESES REZEPT AUSSCHLIESSLICH TOMATEN VERWENDEN, DIE GANZ REIF SIND.

Zubereitungszeit 20 Minuten * Kochzeit 1 Stunde 10 Minuten

Mostarda di frutta (Senffrüchte)

ZUTATEN

175 g kandierte Früchte

1 TL Speisestärke

315 ml Weißwein

1 EL Honig

3 Gewürznelken

1 EL gelbe Senfkörner

¼ TL Muskat, gemahlen

½ TL frischer Ingwer, gerieben

2 Zimtstangen, in Stücke gebrochen

1 EL Zitronensaft

Schneiden Sie die kandierten Früchte mit Hilfe einer Schere in gleichgroße Stücke und verrühren Sie die Speisestärke mit 1 TL Wasser zu einer dicken Paste.

Geben Sie 200 ml Wasser in einen Topf und fügen Sie anschließend den Wein, den Honig, die Gewürznelken, die Senfkörner, den Muskat, den Ingwer und die Zimtstangen hinzu. Bringen Sie die Mischung vorsichtig zum Kochen und rühren Sie dann die mit Wasser verquirlte Speisestärke darunter. Lassen Sie das Ganze ca. 5 Minuten lang köcheln, bis die Mischung etwas eindickt.

Geben Sie die glasierten Früchte und den Zitronensaft dazu und lassen Sie die Mostarda 10–15 Minuten lang köcheln, bis die Früchte weich geworden sind und die Flüssigkeit merklich eingedickt ist. Füllen Sie die Mischung dann mit Hilfe eines Löffels sofort in saubere, warme Gläser und verschließen Sie diese sorgfältig. Stellen Sie die Gläser 2 Minuten lang auf den Kopf, drehen Sie sie anschließend wieder um und lassen Sie sie auskühlen. Beschriften und datieren Sie die Gläser und lassen Sie sie vor dem Öffnen 1 Woche lang stehen.

Hinweis: MOSTARDA DI FRUTTA IST IN DER ITALIENISCHEN KÜCHE SEHR BELIEBT. SIE WIRD VOR ALLEM ZU AUFSCHNITT, GEFLÜGEL UND WILD GEREICHT UND HAT EINEN ÄUSSERST SÜSSEN GESCHMACK.

Zubereitungszeit 10 Minuten ✳ Kochzeit 20 Minuten

Tomaten-Chili-Relish

ZUTATEN

1 kg Tomaten

3 Kochäpfel, geschält, entkernt und gerieben

2 Zwiebeln, klein geschnitten

1 TL frischer Ingwer, gerieben

4 Knoblauchzehen, klein geschnitten

1–2 lange rote Chilis, in Scheiben geschnitten

230 g weicher, brauner Zucker, fest zusammengepresst

250 ml Apfelessig

Schneiden Sie die Tomaten auf der Unterseite kreuzweise ein und legen Sie sie anschließend in eine große Schale. Übergießen Sie die Früchte mit kochendem Wasser und lassen Sie sie so lange in der Flüssigkeit liegen, bis sich die Schale an den Schnittstellen langsam ablöst. Geben Sie die Tomaten danach in eine Schale mit kaltem Wasser, schälen Sie die Haut ab und schneiden Sie das Fruchtfleisch in grobe Stücke. Geben Sie die Tomaten in einen großen Topf, fügen Sie die restlichen Zutaten hinzu und rühren Sie die Mischung dann auf kleiner Flamme vorsichtig, bis der Zucker vollständig gelöst ist. Bringen Sie sie anschließend zum Kochen, reduzieren Sie danach die Hitze und lassen Sie die Mischung unter häufigem Rühren 2–2 ¼ Stunden lang köcheln, bis sie merklich eingedickt ist.

Füllen Sie das Tomaten-Chili-Relish mit Hilfe eines Löffels sofort in saubere, warme Gläser und verschließen Sie diese sorgfältig. Stellen Sie die Gläser dann 2 Minuten lang auf den Kopf, drehen Sie sie anschließend wieder um und lassen Sie sie auskühlen. Beschriften und datieren Sie sie und lassen Sie das Relish vor dem Öffnen mindestens 1 Monat lang stehen, damit sich sein Geschmack voll entfalten kann. Die Gläser können an einem kühlen, dunklen Ort etwa 12 Monate lang gelagert werden. Nach dem Öffnen sollten sie im Kühlschrank aufbewahrt und innerhalb von 6 Wochen verbraucht werden.

Zubereitungszeit 20 Minuten ✦ Kochzeit 2 Stunden 20 Minuten

CHUTNEYS UND RELISHES

Getrocknete Früchte

Getrocknete Früchte sind eine einfache, aber leckere Alternative zu Kartoffelchips und Süßigkeiten. Knusprige, getrocknete Früchte, leicht mit Puderzucker bestäubt, machen sich z.B. hervorragend als Dekoration für eine Fruchtmousse. Mit Ausnahme von Beeren und Früchten mit hohem Wassergehalt eignen sich fast alle Früchte zum Trocknen. Getrocknete Früchte müssen aber immer trocken und kühl gelagert werden, denn sonst ist die Gefahr groß, dass sie schimmeln. Wenn Sie getrocknete Früchte in einem luftdichten Behälter an einem trockenen, kühlen Platz aufbewahren, sind sie in der Regel bis zu 2 Wochen lang haltbar.

Bevor Sie jedoch mit dem Trocknen beginnen, sollten sie sich überlegen, auf welche Weise Sie die Früchte schneiden, damit sie hinterher möglichst hübsch aussehen. Äpfel sehen z.B. am schönsten aus, wenn man sie quer zum Kerngehäuse in Scheiben schneidet, während Birnen für gewöhnlich der Länge nach in Scheiben geschnitten werden. Einige Früchte, wie z.B. Rhabarber, können auch während des Trocknens noch vorsichtig in Form gebracht werden.

Ein Gemüsehobel ist ein Schneidegerät, das in der Hand gehalten wird und extrem scharfe, austauschbare Schneideeinsätze besitzt. Verwenden Sie beim Hobeln daher immer den dazugehörigen Fruchthalter, um ihre Hände und Finger vor Schnittverletzungen zu schützen. Mit einem Gemüsehobel können Sie sich das Schneiden der Früchte ungemein erleichtern, vor allem, wenn es sich um kleinere Früchte handelt. Haben Sie keinen Gemüsehobel zur Hand, dann verwenden Sie einfach ein scharfes Küchenmesser, aber seien Sie auch damit äußerst vorsichtig! Manche Früchte eignen sich schon allein wegen ihrer hübschen Form zum Trocknen, so z.B. Sternfrüchte. Damit die Früchte ihre ursprüngliche Farbe nicht verlieren, ist die Zugabe von Zitronensaft und Zucker unbedingt erforderlich. Darüber hinaus sollten Sie die Früchte während des Trocknens regelmäßig überprüfen, um sicher zu gehen, dass sie nicht zu braun werden oder gar verbrennen. Lassen Sie sie außerdem immer vollständig auskühlen, bevor Sie sie luftdicht verpacken. Im Regelfall bleiben getrocknete Früchte ein paar Tage lang knusprig und werden dann allmählich weicher. Wenn Sie sie gerne wieder knusprig haben wollen, kein Problem: Geben Sie sie einfach nochmals kurz in den Backofen zum Trocknen.

ANANAS

Entfernen Sie die Schale einer mittelgroßen Ananas (bitte dabei auch die braunen „Augen" nicht vergessen!) und schneiden Sie das Fruchtfleisch in etwa 2 mm dicke Ringe. Tupfen Sie die Ringe anschließend mit Küchenpapier trocken und geben Sie sie auf Backbleche, die Sie zuvor mit Backpapier ausgelegt haben. Bestreuen Sie die Ringe mit etwas Zucker und lassen Sie sie bei kleinstmöglicher Temperatur etwa 3 Stunden lang im Backofen trocknen. Drehen Sie sie nach der halben Backzeit um und überprüfen Sie in regelmäßigen Abständen, ob sie nicht zu braun werden oder gar verbrennen. Nehmen Sie die getrockneten Ananasringe vorsichtig vom Blech, lassen Sie sie vollständig auskühlen und verwahren Sie sie in luftdichten Behältern.

ÄPFEL UND BIRNEN

Schneiden Sie 2 Äpfel und 2 Birnen mitsamt der Schale und dem Kerngehäuse in etwa 2 mm dicke Scheiben und achten Sie dabei darauf, dass Sie die Birnen der Länge nach in Scheiben schneiden, die Äpfel jedoch quer zum Kerngehäuse, damit dieses später schön sternförmig aussieht. Geben Sie die Apfelringe zusammen mit den Birnenscheiben in eine Schüssel, beträufeln Sie sie mit etwas Zitronensaft und schwenken Sie die Schüssel dann vorsichtig hin und her, damit der Zitronensaft gleichmäßig auf alle Früchte verteilt wird. Tupfen Sie die Äpfel und Birnen anschließend mit Küchenpapier trocken und legen Sie sie auf Backbleche, die Sie zuvor mit Backpapier ausgelegt haben. Bestreuen Sie sie mit etwas Zucker und lassen Sie sie bei kleinstmöglicher Temperatur 2 ½–3 Stunden lang im Backofen trocknen. Drehen Sie die Früchte nach der halben Backzeit um und überprüfen Sie in regelmäßigen Abständen, ob sie nicht zu braun werden oder gar verbrennen. Nehmen Sie die getrockneten Apfelringe und Birnenscheiben vorsichtig vom Blech, lassen Sie sie vollständig auskühlen und verwahren Sie sie in luftdichten Behältern.

STERNFRÜCHTE

Schneiden Sie 2 oder 3 Sternfrüchte in etwa 2 mm dicke Scheiben und beträufeln Sie sie mit dem Saft einer halben Zitrone. Tupfen Sie die Scheiben mit Küchenpapier trocken und geben Sie sie anschließend auf Backbleche, die Sie zuvor mit Backpapier ausgelegt haben. Bestreuen Sie sie mit etwas Zucker und lassen Sie sie bei kleinstmöglicher Temperatur 2–2 ½ Stunden lang im Backofen trocknen. Drehen Sie die Früchte nach der halben Backzeit um und überprüfen Sie regelmäßig, ob sie nicht zu braun werden. Nehmen Sie die getrockneten Sternfrüchte vorsichtig vom Blech, lassen Sie sie vollständig auskühlen und verwahren Sie sie in luftdichten Behältern.

RHABARBER

Entfernen Sie das Blattwerk und das untere weiße Ende von 2 oder 3 Rhabarberstängeln und ziehen Sie anschließend die groben Fasern der Schale ab. Schneiden sie den Rhabarber der Länge nach in dünne Streifen, tupfen Sie diese mit Küchenpapier trocken und geben Sie sie anschließend auf Backbleche, welche Sie zuvor mit Backpapier ausgelegt haben. Bestreuen Sie den Rhabarber mit etwas Zucker und lassen Sie ihn bei kleinstmöglicher Temperatur 2½–3 Stunden lang im Backofen trocknen. Drehen Sie die Rhabarberstreifen nach der halben Backzeit um und überprüfen Sie in regelmäßigen Abständen, ob sie nicht zu braun werden oder gar verbrennen. Nehmen Sie den getrockneten Rhabarber vorsichtig vom Blech, lassen Sie ihn vollständig auskühlen und verwahren Sie ihn in luftdichten Behältern. Eine etwas kreativere Variante besteht darin, die getrockneten Rhabarberstreifen während des Abkühlens um einen Kochlöffelstiel zu wickeln.

Hinweis: DAMIT IHRE GETROCKNETEN FRÜCHTE MÖGLICHST LANGE KNUSPRIG BLEIBEN, EMPFIEHLT ES SICH, EINEN LUFTDICHTEN BEHÄLTER ZUERST MIT EINER DÜNNEN SCHICHT UNGEKOCHTEM REIS AUSZULEGEN, DEN REIS DANN MIT BACKPAPIER ABZUDECKEN UND ERST DARAUF DIE GETROCKNETEN FRÜCHTE ZU VERTEILEN, DENN DER REIS BINDET ÜBERSCHÜSSIGE FEUCHTIGKEIT. DIE TROCKENZEITEN KÖNNEN IM ÜBRIGEN SEHR STARK VARIIEREN, JE NACH OBSTSORTE, JAHRESZEIT UND BACKOFENTEMPERATUR. NACH DEM ÖFFNEN DER BEHÄLTER SIND DIE GETROCKNETEN FRÜCHTE 1–2 WOCHEN LANG IM KÜHLSCHRANK HALTBAR.

Curds

Curds sind besonders lecker zu Toast, Teegebäck, Croissants oder kleinen Eierkuchen, schmecken aber auch genauso gut als Füllung für Biskuits, Crêpes, Torten oder Baisers. Man kann sie in dekorative Gläser füllen und an Freunde verschenken oder aber in kleine Gläser füllen, und diese dann, hübsch beschriftet, auf dem nächsten Schulfest verkaufen. Die gelungene Mischung aus Frucht und Butter verleiht den Curds dabei eine wundervoll cremige Konsistenz und einen geradezu unwiderstehlichen Geschmack. Man kann sie übrigens bis zu 2 Monate lang im Kühlschrank aufbewahren.

ZITRONEN-CURD

Geben Sie 1 ½ TL fein geriebene Zitronenschale, 185 g weiche ungesalzene Butter, 185 ml Zitronensaft und 250 g extrafeinen Zucker in eine hitzebeständige Schale und stellen Sie diese über einen Topf mit leicht köchelndem Wasser (Vorsicht, die Schale darf die Wasseroberfläche nicht berühren!). Rühren Sie die Mischung, bis die Butter geschmolzen und der Zucker vollständig gelöst ist. Fügen sie dann 12 Eigelb hinzu und rühren Sie alles, bis die Masse merklich eingedickt ist und auf der Rückseite eines Löffels haften bleibt. Dies wird etwa 15–20 Minuten dauern. Achten Sie während dieser Zeit darauf, dass das Curd nicht zu heiß wird, denn dadurch würde es schnell gerinnen. Gießen Sie das Curd anschließend durch ein Sieb, erhitzen Sie es erneut und füllen Sie es dann in saubere, warme Gläser. Verschließen Sie die Gläser noch heiß und beschriften bzw. datieren Sie sie. Sie können das Curd bis zu 2 Monate lang im Kühlschrank aufbewahren. Ergibt ungefähr 600 ml.

MANGO-LIMETTEN-CURD

Schälen Sie 2 große Mangos, lösen Sie das Fruchtfleisch vom Kern ab und schneiden Sie es klein. Pürieren Sie das Fruchtfleisch anschließend in einem Mixer oder einer Küchenmaschine, bis eine glatte Masse entstanden ist, und geben Sie diese dann durch ein feines Sieb. Sie benötigen ungefähr 315 ml durchpassiertes Mangopüree. Verrühren Sie das Püree mit ½ TL fein geriebener Limettenschale, 80 ml durchpassiertem Zitronensaft, 160 g weicher ungesalzener Butter, 250 g Zucker und 4 verquirlten Eiern in einer hitzebeständigen Schale und stellen Sie diese anschließend über einen Topf mit leicht köchelndem Wasser (Vorsicht, die Schale darf die Wasseroberfläche nicht berühren!). Rühren Sie die Masse, bis die Butter geschmolzen und der Zucker vollständig gelöst ist. Rühren Sie sie dann 15–20 Minuten lang weiter, bis sie merklich eingedickt ist und an der Rückseite eines Löffels haften bleibt. Nehmen Sie das Curd vom Herd, füllen Sie es in saubere, warme Gläser und verschließen Sie diese noch heiß. Nach dem Abkühlen im Kühlschrank aufbewahren und innerhalb von 2 Monaten verzehren. Ergibt ungefähr 875 ml.

PASSIONSFRUCHT-CURD

Verquirlen Sie 4 Eier miteinander und gießen Sie diese anschließend durch ein Sieb in eine hitzebeständige Schale. Rühren Sie 185 g extrafeinen Zucker, 80 ml Zitronensaft, 200 g weiche Butter, 125 g Fruchtfleisch der Passionsfrucht und 3 TL geriebene Zitronenschale unter und stellen Sie die Schale über einen Topf mit leicht köchelndem Wasser (Vorsicht, die Schale darf die Wasseroberfläche nicht berühren!). Rühren Sie die Masse, bis die Butter geschmolzen und der Zucker vollständig gelöst ist, und rühren Sie sie dann 15–20 Minuten lang weiter, bis sie merklich eingedickt ist und an der Rückseite eines Löffels haften bleibt. Füllen Sie das Curd sofort in saubere, warme Gläser und verschließen Sie diese noch

heiß Nach dem Abkühlen im Kühlschrank aufbewahren und innerhalb von 2 Monaten verzehren. Ergibt ungefähr 600 ml.

VANILLE-ZITRONEN-CURD

Geben Sie 185 g extrafeinen Vanillezucker (siehe Hinweis) in einen Topf und fügen Sie 2 TL abgeriebene Zitronenschale, 125 ml Zitronensaft und 125 g weiche ungesalzene Butter hinzu. Erhitzen Sie die Masse auf kleiner Flamme, bis der Zucker vollständig gelöst ist, und nehmen Sie sie vom Herd. Verquirlen sie 4 Eigelb und geben Sie diese langsam und unter ständigem Rühren zur Zitronenmischung. Stellen Sie den Topf wieder auf den Herd und lassen Sie das Curd bei niedriger Hitze und unter ständigem Rühren etwa 5 Minuten lang vorsichtig köcheln, bis es merklich eingedickt ist. Füllen Sie es anschließend in saubere, warme Gläser und verschließen Sie diese noch heiß. Bewahren Sie die Gläser im Kühlschrank auf und verbrauchen Sie sie innerhalb von 2 Monaten. Ergibt ungefähr 375 ml.

Hinweis: VANILLEZUCKER KÖNNEN SIE GANZ LEICHT SELBST HERSTELLEN. GEBEN SIE EINFACH EINE VANILLESCHOTE MIT DEM ZUCKER IN EINEN LUFTDICHTEN BEHÄLTER UND LASSEN SIE DAS GANZE ETWA 1 WOCHE LANG STEHEN. WENN SIE DIE VANILLESCHOTE DANACH GRÜNDLICH WASCHEN UND ABTROCKNEN, KÖNNEN SIE SIE BIS ZU VIERMAL WIEDERVERWENDEN.

ERDBEER-CURD

Entfernen Sie die Stiele und die Blätter von 250 g Erdbeeren, schneiden Sie die Erdbeeren klein und geben Sie sie zusammen mit 185 g extrafeinem Zucker, 125 g weicher ungesalzener Butter, 1 EL Zitronensaft und 1 TL abgeriebener Zitronenschale in einen großen Topf. Rühren Sie die Mischung auf kleiner Flamme, bis die Butter geschmolzen und der Zucker vollständig gelöst ist, und lassen Sie sie anschließend etwa 5 Minuten lang köcheln. Nehmen Sie danach den Topf vom Herd, verquirlen Sie 4 Eigelb in einer großen Schüssel miteinander und geben Sie die Eier dann langsam und unter ständigem Rühren in die Erdbeermischung, bis diese merklich eingedickt ist. Stellen Sie den Topf wieder auf den Herd zurück und lassen Sie das Curd auf kleiner Flamme und unter ständigem Rühren weitere 2 Minuten lang sachte köcheln. Es darf dabei aber auf keinen Fall kochen, dann dabei würde es schnell gerinnen. Füllen Sie das Curd anschließend in saubere, warme Gläser und verschließen Sie diese noch heiß. Bewahren Sie die Gläser im Kühlschrank auf und verbrauchen Sie innerhalb von 2 Monaten. Ergibt ungefähr 500 ml.

CURD AUS GETROCKNETEN APRIKOSEN

Geben Sie 100 g klein geschnittene, getrocknete Aprikosen in eine Schale, übergießen Sie sie mit 125 ml kochendem Wasser und verrühren Sie sie nach etwa 30 Minuten Einweichzeit zu einer festen, stückigen Paste. Verquirlen Sie anschließend 4 Eier miteinander und gießen Sie sie durch ein Sieb in eine hitzebeständige Schale. Fügen Sie 125 ml Zitronensaft, 125 g extrafeinen Zucker, 180 g weiche ungesalzene Butter und die Aprikosenpaste hinzu und stellen Sie die Schale dann über einen Topf mit leicht köchelndem Wasser (Vorsicht, die Schale darf die Wasseroberfläche nicht berühren!). Rühren Sie die Masse, bis die Butter geschmolzen und der Zucker vollständig gelöst ist, und rühren Sie sie dann 15–20 Minuten lang weiter, bis sie merklich eingedickt ist und an der Rückseite eines Löffels haften bleibt. Füllen Sie das Curd sofort in saubere, warme Gläser und verschließen Sie diese noch heiß. Bewahren Sie die Gläser im Kühlschrank auf und verbrauchen Sie innerhalb von 2 Monaten. Ergibt ungefähr 600 ml.

Konfitüren aus der Mikrowelle

Diese Rezepte sind für Mikrowellengeräte mit 850 Watt Leistung ausgelegt. Falls ihre Mikrowelle eine abweichende Wattleistung hat, müssen Sie die Kochzeiten entsprechend anpassen. Seien Sie vorsichtig, denn die Fruchtmischung wird dabei extrem heiß.

APRIKOSENKONFITÜRE

Stellen Sie zwei kleine Teller ins Gefrierfach. Halbieren und entkernen Sie 500 g frische Aprikosen, schneiden Sie das Fruchtfleisch klein und geben Sie es zusammen mit 2 EL Zitronensaft in eine mikrowellengeeignete Schale. Legen Sie die abgezogene weiße Haut von 1 Zitrone auf ein Musselintuch, binden Sie das Tuch mit einer Schnur zu einem Beutel zusammen und geben Sie diesen dann zu den Aprikosen in die Schale. Lassen Sie die Mischung anschließend ohne Deckel und auf höchster Stufe (850 Watt) 6 Minuten lang kochen und rühren Sie dabei ein- oder zweimal um. Lassen Sie sie etwas auskühlen und wiegen Sie sie anschließend. Fügen Sie nun pro Tasse Fruchtmischung 250 g Zucker hinzu und rühren Sie, bis der Zucker vollständig gelöst ist. Lassen Sie die Mischung danach ohne Deckel 15–20 Minuten lang auf höchster Stufe kochen, bis sie den Gelierpunkt erreicht hat (damit Sie diesen nicht verpassen, sollten Sie während des Kochens wiederholt die Gelierprobe durchführen, s. Seite 8), und entfernen Sie zum Schluss den Musselinbeutel. Füllen Sie die kochend heiße Masse (mind. 85 °C) vorsichtig in saubere, warme Gläser. Stellen Sie die Gläser dann 2 Minuten lang auf den Kopf, drehen Sie sie anschließend wieder um und lassen Sie sie vor dem Beschriften und Datieren gut auskühlen. Ergibt ca. 500 ml.

ERDBEERKONFITÜRE

Stellen Sie zwei kleine Teller ins Gefrierfach. Putzen und vierteln Sie 750 g frische Erdbeeren und geben Sie sie zusammen mit 60 ml Zitronensaft in eine mikrowellengeeignete Schale. Legen Sie die abgezogene weiße Haut von 1 Zitrone auf ein Stück Musselintuch, binden Sie das Tuch mit einer Schnur zu einem Beutel zusammen und geben Sie diesen dann zu den Erdbeeren in die Schale. Lassen Sie die Mischung anschließend ohne Deckel und auf höchster Stufe (850 Watt) 6 Minuten lang kochen, bis die Früchte weich geworden sind, und rühren Sie dabei ein- oder zweimal um. Lassen Sie die Mischung etwas abkühlen und wiegen Sie sie anschließend ab. Fügen Sie nun pro Tasse Fruchtmischung 250 g Zucker hinzu und rühren Sie, bis der Zucker vollständig gelöst ist. Lassen Sie die Konfitüre danach ohne Deckel 15–20 Minuten lang auf höchster Stufe kochen, bis sie den Gelierpunkt erreicht hat (damit Sie diesen nicht verpassen, sollten Sie während des Kochens wiederholt die Gelierprobe durchführen, s. Seite 8), und entfernen Sie zum Schluss den Musselinbeutel. Füllen Sie die kochend heiße Masse (mind. 85 °C) vorsichtig in saubere, warme Gläser. Stellen Sie die Gläser dann 2 Minuten lang auf den Kopf, drehen Sie sie anschließend wieder um und lassen Sie sie vor dem Beschriften und Datieren gut auskühlen. Ergibt ca. 500 ml.

KONFITÜRE AUS GETROCKNETEN FEIGEN

Stellen Sie zwei kleine Teller ins Gefrierfach. Entfernen Sie die Stiele von 500 g getrockneten Feigen und geben Sie die Feigen zusammen mit 375 ml Wasser und 2 EL Zitronensaft in eine mikrowellengeeignete Schale. Legen Sie die abgezogene weiße Haut von 1 Zitrone auf ein Stück Musselintuch, binden Sie das Tuch mit einer Schnur zu einem Beutel

zusammen und geben Sie diesen dann zu den Feigen in die Schale. Lassen Sie die Mischung anschließend ohne Deckel und auf höchster Stufe (850 Watt) 10 Minuten lang kochen, bis die Früchte weich geworden sind, und rühren Sie dabei ein- oder zweimal um. Lassen Sie die Mischung etwas abkühlen und wiegen Sie sie anschließend ab. Fügen Sie nun pro Tasse Fruchtmischung 250 g Zucker hinzu und rühren Sie, bis der Zucker vollständig gelöst ist. Lassen Sie die Konfitüre danach ohne Deckel 15–20 Minuten lang auf höchster Stufe kochen, bis sie den Gelierpunkt erreicht hat (damit Sie diesen nicht verpassen, sollten Sie während des Kochens wiederholt die Gelierprobe durchführen, s. Seite 8), und entfernen Sie danach den Musselinbeutel. Füllen Sie die kochend heiße Masse (mind. 85 °C) vorsichtig in saubere, warme Gläser. Stellen Sie die Gläser dann 2 Minuten lang auf den Kopf, drehen Sie sie anschließend wieder um und lassen Sie sie vor dem Beschriften und Datieren gut auskühlen. Ergibt ca. 1 l.

ZITRUSMARMELADE

Stellen Sie zwei kleine Teller ins Gefrierfach. Schälen Sie 1 Grapefruit, 1 Zitrone und 1 Orange und entfernen Sie dabei die weiße Haut der Früchte. Schneiden Sie das Fruchtfleisch klein und entfernen Sie die Kerne. Legen Sie die weiße Haut und die Kerne auf ein Musselintuch und binden Sie das Tuch mit einer Schnur zu einem Beutel zusammen. Geben Sie die Zitrusschalen und den Musselinbeutel in eine mikrowellengeeignete Schale und gießen Sie 375 ml Wasser dazu. Lassen Sie die Mischung anschließend ohne Deckel und auf höchster Stufe (850 Watt) 10 Minuten lang kochen, bis die Zitrusschalen weich geworden sind, und stellen Sie sie danach zum Auskühlen beiseite. Wiegen Sie die Mischung ab und fügen Sie dann pro Tasse Fruchtmischung 250 g Zucker hinzu. Rühren Sie die Marmelade, bis der Zucker vollständig gelöst ist, und lassen Sie sie anschließend ohne Deckel 20–25 Minuten lang auf höchster Stufe kochen, bis sie den Gelierpunkt erreicht hat (damit Sie diesen nicht verpassen, sollten Sie während des Kochens wiederholt die Gelierprobe durchführen, s. Seite 8). Entfernen Sie danach den Musselinbeutel und füllen Sie die kochend heiße Masse (mind. 85 °C) vorsichtig in saubere, warme Gläser. Stellen Sie die Gläser 2 Minuten lang auf den Kopf, drehen Sie sie anschließend wieder um und lassen Sie sie vor dem Beschriften und Datieren gut auskühlen. Ergibt ca. 500 ml.

WALDBEERENKONFITÜRE

Stellen Sie zwei kleine Teller ins Gefrierfach und geben Sie 500 g gemischte Beeren zusammen mit 60 ml Zitronensaft in eine mikrowellengeeignete Schale. Legen Sie die abgezogene weiße Haut von 1 Zitrone auf ein Stück Musselintuch, binden Sie das Tuch mit einer Schnur zu einem Beutel zusammen und geben Sie diesen dann zu den Beeren in die Schale. Lassen Sie die Mischung anschließend ohne Deckel und auf höchster Stufe (850 Watt) 6 Minuten lang kochen, bis die Früchte weich geworden sind, und rühren Sie dabei ein- oder zweimal um. Lassen Sie die Mischung etwas abkühlen und wiegen Sie sie anschließend ab. Fügen Sie nun pro Tasse Fruchtmischung 250 g Zucker hinzu und rühren Sie, bis der Zucker vollständig gelöst ist. Lassen Sie die Konfitüre anschließend ohne Deckel 15–20 Minuten lang auf höchster Stufe kochen, bis sie den Gelierpunkt erreicht hat (damit Sie diesen nicht verpassen, sollten Sie während des Kochens wiederholt die Gelierprobe durchführen, s. Seite 8), und entfernen Sie zum Schluss den Musselinbeutel. Füllen Sie die kochend heiße Masse (mind. 85 °C) vorsichtig in saubere, warme Gläser. Stellen Sie die Gläser dann 2 Minuten lang auf den Kopf, drehen Sie sie anschließend wieder um und lassen Sie sie vor dem Beschriften und Datieren gut auskühlen. Ergibt ca. 500 ml.

Früchte in Likör

Diese köstlichen, alkoholgetränkten Früchte sind der krönende Abschluss für jedes Hauptgericht, egal ob man sie zu Eiscreme, Ricotta, Mascarpone, Brioche, Panettone, Waffeln oder Crêpes serviert. Achten Sie aber sorgfältig darauf, dass Sie nur reife und makellose Früchte verwenden, und lassen Sie die Gläser vor dem Öffnen mindestens 1 Monat lang stehen, damit sich die verschiedenen Aromen voll entfalten können. Nach dem Öffnen im Kühlschrank aufbewahren.

APRIKOSEN IN RUM

Geben Sie 185 g Zucker und 500 ml Wasser in einen großen Topf und rühren Sie die Mischung auf kleiner Flamme, bis der Zucker vollständig gelöst ist. Bringen Sie sie anschließend zum Kochen, fügen Sie 500 g getrocknete Aprikosen hinzu und reduzieren Sie danach die Hitze. Lassen Sie sie 3 Minuten lang köcheln, bevor Sie sie vom Herd nehmen, und rühren Sie dann 185 ml dunklen Rum unter. Achten Sie darauf, dass die Mischung mindestens 85 °C heiß ist, und füllen Sie sie anschließend mit Hilfe eines Löffels in ein sauberes, warmes 1-Liter-Glas. Verschließen Sie es noch heiß und lassen Sie es vollständig auskühlen. Beschriften und datieren Sie das Glas und lassen Sie es vor dem Öffnen mindestens 1 Monat lang stehen. An einem kühlen, dunklen Ort können die Aprikosen bis zu 6 Monate lang gelagert werden. Ergibt 1 l.

Hinweis: FÜR DIESES REZEPT SOLLTEN SIE UNBEDINGT HOCHWERTIGEN RUM VERWENDEN, DA DER GESCHMACK DER LIKÖRFRÜCHTE SONST DARUNTER LEIDET.

PFLAUMEN IN PORTWEIN

Geben Sie 125 ml Wasser zusammen mit 90 g Zucker und 8 Gewürznelken in einen großen Topf und rühren Sie die Mischung auf kleiner Flamme, bis der Zucker vollständig gelöst ist. Fügen Sie dann 600 g entsteinte Pflaumen, die dünn abgezogene Schale einer Orange und ca. 500 ml Portwein hinzu und vergewissern Sie sich, dass die Mischung mindestens 85 °C heiß ist. Füllen Sie sie anschließend mit Hilfe eines Löffels in ein sauberes, warmes 1-Liter-Glas und verschließen Sie es noch heiß. Lassen Sie es auskühlen, beschriften und datieren Sie es und lassen Sie es vor dem Öffnen mindestens 1 Monat lang stehen. An einem kühlen, dunklen Ort können die Pflaumen bis zu 6 Monate lang gelagert werden. Ergibt 1 l. Die Pflaumen quellen während der Lagerungszeit noch auf.

MUSKATELLER-FRÜCHTE

Geben Sie 150 g kleine, getrocknete Feigen (ohne Stiel), 150 g Pflaumen, 100 g getrocknete, in Scheiben geschnittene Äpfel, 100 g getrocknete Pfirsichhälften, 100 g getrocknete Aprikosenhälften, 100 g Rosinen, 2 abgezogene Streifen Orangenschale, 2 Zimtstangen (halbiert), 4 ganze Gewürznelken und 750 ml klaren Apfelsaft in eine große, nichtmetallische Schüssel. Decken Sie die Mischung zu und lassen Sie sie über Nacht stehen. Geben Sie sie anschließend in einen großen Topf, bringen Sie sie zum Kochen und reduzieren Sie danach die Hitze. Lassen Sie sie 5 Minuten lang köcheln, bevor Sie sie vom Herd nehmen, und rühren Sie zum Schluss 250 ml Liqueur Muscat ein (ein australischer Likörwein aus weißen Muskat- und Muskatellertrauben, im Geschmack ähnlich dem Madeira oder Malaga).

Vergewissern Sie sich, dass die Mischung mindestens 85 °C heiß ist, und füllen Sie sie anschließend mit Hilfe eines Löffels in saubere, warme Gläser. Verschließen Sie die Gläser noch heiß, lassen Sie sie vollständig auskühlen und beschriften bzw. datieren Sie sie. Lagern Sie sie an einem kühlen, dunklen Ort (bis zu 6 Monate) und lassen Sie sie vor dem Öffnen mindestens 1 Monat lang stehen. Ergibt ca. 1,125 l.

FEIGEN IN BRANDY

Geben Sie 750 g Zucker und 375 ml Wasser in einen großen Topf und rühren Sie die Mischung auf kleiner Flamme, bis der Zucker vollständig gelöst ist. Bringen Sie sie anschließend zum Kochen, reduzieren Sie danach die Hitze und rühren sie 400 g feste, frische Feigen unter. Lassen Sie alles ca. 5 Minuten lang köcheln, bis die Feigen weich sind (die Kochzeit kann je nach Reifegrad der Früchte etwas variieren), und heben Sie die weichen Feigen anschließend mit Hilfe eines geschlitzten Löffels aus dem Likör. Lassen Sie die Feigen gut abtropfen, geben Sie sie in saubere, warme Weithalsgläser und schwenken Sie die Gläser vorsichtig hin und her, damit die Früchte gleichmäßig im Glas verteilt werden. Entfernen Sie nun den überschüssigen Sirup auf dem Glasboden, indem Sie einen geschlitzten Löffel (oder einen Schaumlöffel) auf die Öffnung der Gläser pressen und so die Flüssigkeit direkt in den Topf zurücktropfen lassen. Bringen Sie den Sirup anschließend zum Kochen und lassen Sie ihn etwa 10 Minuten lang kochen, bis er allmählich eindickt. Nehmen Sie den Topf vom Herd, warten Sie etwas ab, bis keine Luftblasen mehr aufsteigen, und gießen Sie dann 375 ml des Sirups in einen großen, hitzebeständigen Krug (bitte auch den restlichen Sirup aufbewahren!). Fügen Sie 375 ml Brandy hinzu und füllen Sie diese Mischung in die Weithalsgläser. Sollten die Feigen nicht ganz bedeckt sein, verrühren Sie einfach eine kleine Menge des zurückbehaltenen Sirups mit etwas Brandy und übergießen Sie damit die Früchte. Vergewissern Sie sich, dass die Mischung beim Abfüllen mindestens 85 °C heiß ist, und verschließen Sie die gefüllten Gläser noch heiß. Beschriften Sie sie und lassen Sie sie vor dem Öffnen mindestens 1 Monat lang stehen. An einem kühlen, dunklen Ort können die Gläser bis zu 6 Monate lang gelagert werden. Ergibt 1 l.

PFIRSICHE IN BRANDY

Geben Sie 6–8 reife Pfirsiche der Sorte „Slipstone" in eine große Schüssel, übergießen Sie sie mit kochendem Wasser und lassen Sie sie etwa 30 Sekunden lang in der Flüssigkeit liegen. Heben Sie die Pfirsiche anschließend mit Hilfe eines geschlitzten Löffels aus dem Wasser und geben Sie sie in eine Schüssel mit eiskaltem Wasser. Schälen Sie die Früchte, schneiden Sie sie in der Mitte durch und drehen Sie dann beide Pfirsichhälften vorsichtig gegeneinander, um Sie voneinander zu lösen und den Kern entfernen zu können. Geben Sie 250 ml Wasser zusammen mit 125 g Zucker in einen großen Topf und rühren Sie alles auf kleiner Flamme, bis der Zucker vollständig gelöst ist. Bringen Sie die Mischung anschließend zum Kochen, geben Sie die Pfirsichhälften hinein und lassen Sie sie dann 2–3 Minuten lang köcheln. Heben Sie die Pfirsiche mit Hilfe eines geschlitzten Löffels vorsichtig aus der Flüssigkeit und legen Sie sie in ein sauberes, warmes 1-Liter-Glas. Geben Sie eine aufgeschlitzte Vanilleschote zum Sirup und lassen Sie den Sirup etwa 5 Minuten lang köcheln. Rühren Sie 250 ml Brandy ein, vergewissern Sie sich, dass die Mischung mindestens 85 °C heiß ist, und gießen Sie dann den Sirup mitsamt der Vanilleschote über die Pfirsiche. Achten Sie dabei darauf, dass die Früchte vollständig mit Sirup bedeckt sind, und füllen Sie das Glas bis knapp unter den Rand auf. Verschließen und beschriften Sie es und lassen Sie es vor dem Öffnen mindestens 2 Wochen lang stehen. An einem kühlen, dunklen Ort können die Pfirsiche etwa 6 Monate lang gelagert werden. Ergibt 1 l.

Fruchtpasten

Wenn Sie einen Überschuss an Früchten haben und nicht so recht wissen wohin damit, dann bereiten Sie doch einmal Fruchtpasten daraus zu. Die Fruchtmischung muss zwar eine Weile kochen, ist aber aufgrund ihres hohen Zuckergehalts auch bis zu 12 Monate lang haltbar. Besonders lecker schmecken die kleinen Häppchen übrigens zu Kaffee, Käse oder Aufschnitt.

FRUCHTPASTEN VERPACKEN UND LAGERN

Geben Sie die Fruchtmischung in eine flache hitzebeständige Form, streichen Sie sie mit einem Palettenmesser glatt und schneiden Sie sie anschließend mit einem heißen Messer in kleine Quadrate, Rauten oder Dreiecke. Stecken Sie nun in die Mitte einer jeden Fruchtpaste eine abgezogene Mandel bzw. einen Mandelstift oder wälzen Sie sie vorsichtig in feinem Streuzucker. Wickeln Sie die Stücke in Aluminiumfolie, legen Sie sie in einen luftdichten Behälter und bewahren Sie sie an einem kühlen, dunklen Ort auf.

Hinweis: JE DICKER DIE FRUCHTMISCHUNG WÄHREND DES KOCHENS WIRD, DESTO MEHR SPRITZT SIE AUCH. VERWENDEN SIE DAHER EINEN GROSSEN, TIEFEN TOPF UND WICKELN SIE SICH BEIM UMRÜHREN EIN GESCHIRRTUCH UM DIE HÄNDE.

QUITTENPASTE

Legen Sie eine 28 × 18 cm große Form mit Backpapier aus. Schälen und entkernen Sie 2 kg Quitten, schneiden Sie das Fruchtfleisch in Stücke und geben Sie es in einen großen Topf. Hacken Sie anschließend die Kerngehäuse klein, legen Sie sie auf ein Stück Musselintuch und binden Sie das Tuch zu einem Beutel zusammen. Geben sie den Beutel zu den Quitten in den Topf, fügen Sie noch 500 ml Wasser und 2 EL Zitronensaft hinzu und lassen Sie die Mischung zugedeckt und auf kleiner Flamme 30–40 Minuten lang köcheln, bis die Früchte weich geworden sind. Lassen Sie die Fruchtmischung etwas auskühlen und drücken Sie den Musselinbeutel vorsichtig aus. Pürieren Sie die Fruchtmasse, bis sie glatt und geschmeidig ist, und streichen Sie sie anschließend durch ein feines Sieb. Wiegen Sie das Fruchtpüree ab und geben Sie es in den Topf zurück. Fügen Sie nun ganz langsam dieselbe Menge Zucker hinzu (1 kg Fruchtpüree = 1 kg Zucker) und rühren Sie das Ganze auf kleiner Flamme, bis der Zucker vollständig gelöst ist. Bringen Sie die Fruchtmasse danach zum Kochen und lassen Sie sie unter ständigem Rühren 45–60 Minuten lang kochen. Verwenden Sie zum Umrühren einen Holzkochlöffel und achten Sie stets darauf, dass die Masse nicht anbrennt. Die Fruchtpaste ist dann fertig, wenn sie nicht mehr an den Innenseiten des Topfes haften bleibt und der Holzkochlöffel nur noch mit Mühe hindurchgeschoben werden kann.

APRIKOSENPASTE

Legen Sie eine 28 × 18 cm große Form mit Backpapier aus. Wählen Sie 2 kg Aprikosen unterschiedlicher Reifegrade aus (Sie benötigen auf jeden Fall auch ein paar unreife Aprikosen, damit die Fruchtpaste später besser geliert) und entfernen Sie sämtliche Stiele, Kerne und schadhafte Stellen. Schneiden Sie jede Aprikose in acht Stücke und geben Sie diese zusammen mit 250 ml Wasser und 2 EL Zitronensaft in einen großen Topf. Bringen Sie die Mischung zum Kochen, reduzieren Sie danach die Hitze und lassen Sie sie zugedeckt 15–20 Minuten lang köcheln, bis die Früchte weich geworden sind. Lassen Sie die Fruchtmischung etwas auskühlen und pürieren Sie sie dann, bis sie glatt und geschmeidig ist. Streichen Sie sie durch ein feines Sieb, wiegen Sie das Fruchtpüree ab und geben Sie es in den Topf zurück. Fügen Sie nun ganz langsam dieselbe Menge Zucker hinzu (1 kg Fruchtpüree = 1 kg Zucker) und rühren Sie das Ganze auf kleiner Flamme, bis der Zucker vollständig gelöst ist. Bringen Sie die Fruchtmasse danach erneut zum Kochen und lassen Sie sie unter ständigem Rühren 45–60 Minuten lang kochen. Die Fruchtpaste ist dann fertig, wenn sie nicht mehr an den Innenseiten des Topfes haften bleibt und der Holzkochlöffel nur noch mit Mühe hindurchgeschoben werden kann. (Sollte die Fruchtpaste einmal anbrennen, dann füllen Sie sie einfach in eine hitzebeständige Schale um und reinigen Sie anschließend den Topf. Gießen Sie die Masse danach in den sauberen Topf zurück und fahren Sie mit dem Kochen fort.)

PFLAUMENPASTE

Legen Sie eine 28 × 18 cm große Form mit Backpapier aus. Wählen Sie 2 kg Pflaumen unterschiedlicher Reifegrade aus (Sie benötigen auf jeden Fall auch ein paar unreife Pflaumen, damit die Fruchtpaste später besser geliert) und entfernen Sie sämtliche Stiele, Kerne und schadhafte Stellen. Vierteln Sie die Pflaumen und geben Sie sie zusammen mit 250 ml Wasser und 2 EL Zitronensaft in einen großen Topf. Bringen Sie die Mischung zum Kochen, reduzieren Sie danach die Hitze und lassen Sie die Mischung zugedeckt 15–20 Minuten lang köcheln, bis die Früchte weich geworden sind. Lassen Sie die Fruchtmischung anschließend etwas auskühlen und pürieren Sie sie dann in einem Mixer oder in einer Küchenmaschine, bis sie glatt und geschmeidig ist. Streichen Sie sie durch ein feines Sieb, wiegen Sie das Fruchtpüree ab und geben Sie es in den Topf zurück. Fügen Sie nun ganz langsam dieselbe Menge Zucker hinzu (1 kg Fruchtpüree = 1 kg Zucker) und rühren Sie das Ganze auf kleiner Flamme, bis der Zucker vollständig gelöst ist. Bringen Sie die Fruchtmasse anschließend erneut zum Kochen und lassen Sie sie unter ständigem Rühren 45–60 Minuten lang kochen. Verwenden Sie zum Umrühren einen Holzkochlöffel und achten Sie stets darauf, dass die Masse nicht anbrennt. Die Fruchtpaste ist dann fertig, wenn sie nicht mehr an den Innenseiten des Topfes haften bleibt und der Holzkochlöffel nur noch mit Mühe hindurchgeschoben werden kann.

PFIRSICHPASTE

Legen Sie eine 28 × 18 cm große Form mit Backpapier aus. Wählen Sie 2 kg Pfirsiche unterschiedlicher Reifegrade aus (Sie benötigen auf jeden Fall auch ein paar unreife Pfirsiche, damit die Fruchtpaste später besser geliert) und entfernen Sie sämtliche Stiele, Kerne und schadhafte Stellen. Schneiden Sie jeden Pfirsich in acht Stücke und geben Sie diese zusammen mit 250 ml Wasser und 3 EL Zitronensaft in einen großen Topf. Bringen Sie die Mischung anschließend zum Kochen, reduzieren Sie danach die Hitze und lassen Sie die Mischung zugedeckt 20–30 Minuten lang köcheln, bis die Früchte weich geworden sind. Lassen Sie die Fruchtmischung etwas auskühlen und pürieren Sie sie dann in einem Mixer oder einer Küchenmaschine, bis sie glatt und geschmeidig ist. Streichen Sie sie anschließend durch ein feines Sieb, wiegen Sie das Fruchtpüree ab und geben Sie es in den Topf zurück. Fügen Sie nun ganz langsam dieselbe Menge Zucker hinzu (1 kg Fruchtpüree = 1 kg Zucker) und rühren Sie das Ganze auf kleiner Flamme, bis der Zucker vollständig gelöst ist. Bringen Sie die Fruchtmasse anschließend erneut zum Kochen und lassen Sie sie unter ständigem Rühren 45–60 Minuten lang kochen. Verwenden Sie zum Umrühren einen Holzkochlöffel und achten Sie stets darauf, dass die Masse nicht anbrennt. Die Fruchtpaste ist dann fertig, wenn sie nicht mehr an den Innenseiten des Topfes haften bleibt und der Holzkochlöffel nur noch mit Mühe hindurchgeschoben werden kann.

Früchte aus dem Wasserbad

Was kann es Schöneres geben als das reichhaltige Angebot an saisonalem Obst und Gemüse in Gläsern einzufangen und die köstlichen Früchte auch noch 1 Jahr später genießen zu können? Die Früchte aus dem Wasserbad schmecken köstlich, sind nach dem Öffnen allerdings nur eine knappe Woche im Kühlschrank haltbar.

Verwenden Sie entweder Gläser mit Glasdeckel, Einkochring und Federklammern oder aber Kilnergläser mit Metallschraubdeckel und Einkochring. Achten Sie darauf, dass die Gläser genügend Platz im Topf haben und dass sie während des Kochens außerdem vollständig mit Wasser bedeckt sind.

DIE ZEHN EINKOCHREGELN

1   Wählen Sie leicht unreife bis reife Früchte ohne schadhafte Stellen.

2   Waschen und trocknen Sie die Gläser sorgfältig.

3   Packen Sie die Früchte dicht nebeneinander in die Gläser, denn sie werden während des Kochens noch etwas schrumpfen.

4   Tauchen Sie die Einkochringe vor Gebrauch in kochendes Wasser, um sie zu sterilisieren.

5   Der Zuckersirup wird immer auf dieselbe Weise hergestellt. Geben Sie dafür einfach den Zucker und das Wasser in einen Topf und rühren Sie die Mischung auf kleiner Flamme, bis der Zucker vollständig gelöst ist. Streichen Sie dann mit einem Backpinsel an den Innenseiten des Topfes entlang, um eventuell vorhandene Zuckerkristalle zu entfernen, bringen Sie die Mischung zum Kochen und lassen Sie sie anschließend 3 Minuten lang kochen.

6   Übergießen Sie die Früchte mit dem heißen Sirup (85 °C) und klopfen Sie während des Einfüllens leicht gegen die Außenseite der Gläser, damit eventuell vorhandene Luftblasen entweichen können.

7   Verschließen Sie die Deckel sorgfältig.

8   Legen Sie ein gefaltetes Geschirrtuch auf den Boden eines Suppentopfes und gießen Sie anschließend so viel warmes Wasser (38 °C) in den Topf, bis die Gläser im Topf vollständig mit Wasser bedeckt sind.

9   Bringen Sie das Wasser innerhalb von 25–30 Minuten langsam zum Köcheln (88–90 °C) und halten Sie es dann während der gesamten Kochzeit bei dieser Temperatur. Auf keinen Fall darf das Wasser kochen! Überprüfen Sie regelmäßig den Wasserstand im Topf und füllen Sie bei Bedarf noch etwas heißes Wasser nach.

10   Nehmen Sie den Topf am Ende der Kochzeit vom Herd und gießen Sie vorsichtig etwas Wasser ab. Entnehmen Sie die Gläser anschließend mit einer Zange oder tragen Sie beim Herausheben der Gläser Gummihandschuhe. Achten Sie darauf, dass die Glasdeckel keinen Druck abbekommen und stellen Sie die Gläser auf eine hölzerne Unterlage. Lassen Sie sie über Nacht auskühlen und beschriften bzw. datieren Sie sie.

Ob die Gläser mit den Federklammerverschlüssen und den Glasdeckeln auch wirklich dicht verschlossen sind, können Sie mit folgendem Test ganz leicht feststellen: Lösen Sie die Verschlüsse, halten Sie den Deckel mit ihren Fingerspitzen am Rand fest und heben Sie das Glas dann vorsichtig hoch. Ist es ordnungsgemäß verschlossen, wird es sein Gewicht selbst tragen. Falls nicht, stellen Sie es einfach in den Kühlschrank und verbrauchen Sie es innerhalb von 2 Tagen.

BIRNEN

Verrühren Sie 1 l Wasser mit 1 TL Salz und 1 EL Zitronensaft (oder wahlweise ½ TL Zitronensäure) in einer großen Schale. Schälen Sie 2,75 kg Birnen der Sorte „Beurre Bosc", halbieren und entkernen Sie die Früchte und geben Sie dann jede Birnenhälfte einzeln in die Zitronen-Wasser-Mischung. Stellen Sie einen Zuckersirup her, indem Sie 750 g Zucker in 1,5 l kochendem Wasser auflösen und dann 60 ml Zitronensaft (oder wahlweise 1 ½ TL Zitronensäure) unterrühren. Verteilen Sie die Birnen auf sechs Einmachgläser à 500 ml und gehen Sie anschließend nach den zehn Einkochregeln vor. Die Kochzeit beträgt 30 Minuten.

APRIKOSEN UND PFLAUMEN

Schneiden Sie 2,5 kg Pfirsiche oder 2,5 kg Pflaumen auf der Unterseite kreuzweise ein und geben Sie die Früchte in eine hitzebeständige Schale. Übergießen Sie sie mit kochendem Wasser, lassen Sie sie 30 Sekunden lang stehen und geben Sie sie dann in eine Schale mit kaltem Wasser. Schälen, halbieren und entkernen Sie die Früchte und bereiten Sie dann einen Zuckersirup zu, indem Sie 375 g Zucker in 1,25 l kochendem Wasser auflösen. Verteilen Sie die Früchte auf sechs Einmachgläser à 500 ml und gehen Sie anschließend nach den zehn Einkochregeln vor. Die Kochzeit beträgt 15 Minuten.

PFIRSICHE

Schneiden Sie 2,5 kg Pfirsiche der Sorte „Slipstone" auf der Unterseite kreuzweise ein, geben Sie die Früchte in eine hitzebeständige Schale und übergießen Sie sie mit kochendem Wasser. Lassen Sie sie 30 Sekunden lang stehen und geben Sie sie dann in eine Schale mit kaltem Wasser. Schälen, halbieren und entkernen Sie die Früchte und schneiden Sie das Fruchtfleisch in 1,5 cm große Würfel. Stellen Sie einen Zuckersirup her, indem Sie 375 g Zucker in 1,25 l kochendem Wasser auflösen und verteilen Sie die Pfirsichstücke auf sechs Einmachgläser à 500 ml. Gehen Sie anschließend nach den zehn Einkochregeln vor. Die Kochzeit beträgt 15 Minuten.

TOMATEN

Schneiden Sie 2,5 kg Roma-Tomaten (Flaschentomaten) auf der Unterseite kreuzweise ein, geben Sie sie in eine hitzebeständige Schale und übergießen Sie sie mit kochendem Wasser. Lassen Sie sie 30 Sekunden lang stehen und geben Sie sie dann in eine Schale mit kaltem Wasser. Schälen Sie die Tomaten und bereiten Sie aus 4 ½ TL Salz, 1 EL Zitronensäure und 1,5 l Wasser eine Salzlake zu. Rühren Sie diese auf kleiner Flamme 2–3 Minuten lang und verteilen Sie die Tomaten dann auf sechs Einmachgläser à 500 ml. Gehen Sie anschließend nach den zehn Einkochregeln vor, nur dass Sie statt des Zuckersirups die Salzlake verwenden. Die Kochzeit beträgt 20 Minuten.

Register

Aus dem Englischen von Tanja Swoboda-Reimann

Bibliografische Information der Deutschen Nationalbibliothek
Die Deutsche Nationalbibliothek verzeichnet diese Publikation in der Deutschen Nationalbibliografie; detaillierte
bibliografische Daten sind im Internet über http://dnb.d-nb.de abrufbar.

© 2011 by Jan Thorbecke Verlag der Schwabenverlag AG, Ostfildern
www.thorbecke.de · info@thorbecke.de
© der Originalausgabe mit dem Titel „Jams and Preserves" 2010 by Murdoch Books Pty Limited (Murdoch Books Australia,
Pier 8/9, 23 Hickson Road, Millers Point NSW 2000, www.murdochbooks.com.au / Murdoch Books UK Limited, Erico
House, 6th Floor North, 93–99 Upper Richmond Road, Putney, London SW15 2 TG, www.murdochbooks.co.uk).
© Text und Fotos 2005 by Murdoch Books Pty Limited.

ISBN 978-3-7995-0894-0